ささえあう社会への、はじめの一歩

まずはごはん

ごはん会@カフェコモンズ (http://cafe-commons.com)
2014年から1年ほど、ニュースタート事務局関西＆多文化市民ネットワーク根っことの協働で行っていました。

はじめに

「世の中、捨てたもんじゃない」

活動を続ければ続けるほど、この言葉を実感しています。子どもたちの「まずは、ごはん！」から育ちをサポートしたいと始めた私たちの活動も5年が過ぎました。現在、全国で2000をこえるという「子ども食堂」（2018年7月現在）。子どもが気軽に行ける場所や、子どもをあたたかく見守ってくれる人が増えることを願ってきましたが、社会的なムーブメントともいえるこの動きは、活動をはじめた頃には想像もできないことでした。私たちが活動する都会では、隣に誰が住んでいるのかすら知らなかったりします。また、地方でも子どもが少なくなったりして、子どもとおとなが一緒に過ごすことが少なくなってきているのではないでしょうか？　そのような中、この民間の動きでどれだけの子どもとおとなが新たに出会い、一緒にごはんを食べることができるようになったのかと思うと心があたたかくなります。

徳丸ゆき子
大阪子どもの貧困アクショングループ代表・NPO法人CPAO理事長。
NPO法人にて不登校・ひきこもり支援に従事したのち、国際協力NGOに所属。子どもの社会参画・子どもの貧困・東日本大震災復興支援のスタッフを経て、2013年大阪子どもの貧困アクショングループ設立。一児のシングルマザー。

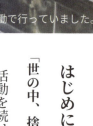

「CPAOのような活動を始めたいのですが、どうしたらいいですか?」

私たちのもとにはこのような質問がたくさん届きます。「子どもたちとごはんを食べるだけなので、小さくすぐはじめてみてはどうですか?」とお伝えしただけで、すぐに始められた方も少なくありません。ですが、何かやりたい気持ちはありながら、「そう言われても、どこからどうすればいいのか分からない」との言葉が返ってくることがほとんどです。

「せっかくのお気持ちがもったいない」

そこで、私たちがこれまで子どもたちと週3回ごはんを食べてきた試行錯誤を具体的にご紹介すれば、そのハードルは少し下がるかもしれない。子どもたちのために何かしたいという方々の背中をぽんと押すようなものになるかもしれない、とその活動をまとめてみることにしました。

活動と運動の両輪

日本社会の福祉制度はまだまだ十分とは言えません。国や行政に対して、もっとこうして欲しいと要望したり、なければ新たな制度をつくっていくことも大切です。

公が公としての責任を果たしてもらえるようにすることも長期的に粘り強く続けながら、もう一方で、目の前の、待ったなしに成長する「今」を生きる子どもたちに、民間が応急手当であってもなんとかするという取り組みも必要です。それら両輪で活動を推し進めていくためには、役割分担をしながら、たくさんの人のチカラがなければ難しい…。

「子どもたちの挑戦にエール!」

子どもたちはいつも一生けんめい。「みててな!!」とおとなに言いながら、なわとびやけん玉に漢字ドリル、なんでも全力で挑んでいます。

親はもちろん、周りのおとな、専門家にできることは、子どもが挑戦しやすいよう環境を整え、邪魔をしないようにすること。また、できたら「いいね!」。できなくても、「もう一回やってみたら」と、がんばりを見て守る。見守り、応援するだけだけど、子どもたちはそれが励みになって背中をおされ、またやってみようと前に進み、どんどん成長していきます。

心ある人がつながり地道に続ける

実はおとなも同じなのかもしれません。子どもや社会、そして自分のために何かしたい、そんなおとな一人ひとりがつながり、好きなこと得意なことを持ち寄り挑戦する、それに「いいね!」と応援しあい、失敗しても「また、次!」と支えあう。そんな寛容な社会であれば、子どもはおのずと心もからだも健全に育っていくように思えてなりません。答えはなく、簡単なことではないことも知っています。ですが、心ある人がつながり地道に続けることで社会を変えていきたい。そんな、「ともに社会に挑戦する人」が1人でも増えることを願っています。

もくじ

ボランティア・サポーター　＊ボランティア＝直接子どもにかかわってくださる方

＊サポーター＝物資を提供してくださる方

この本・つながりのイメージ図

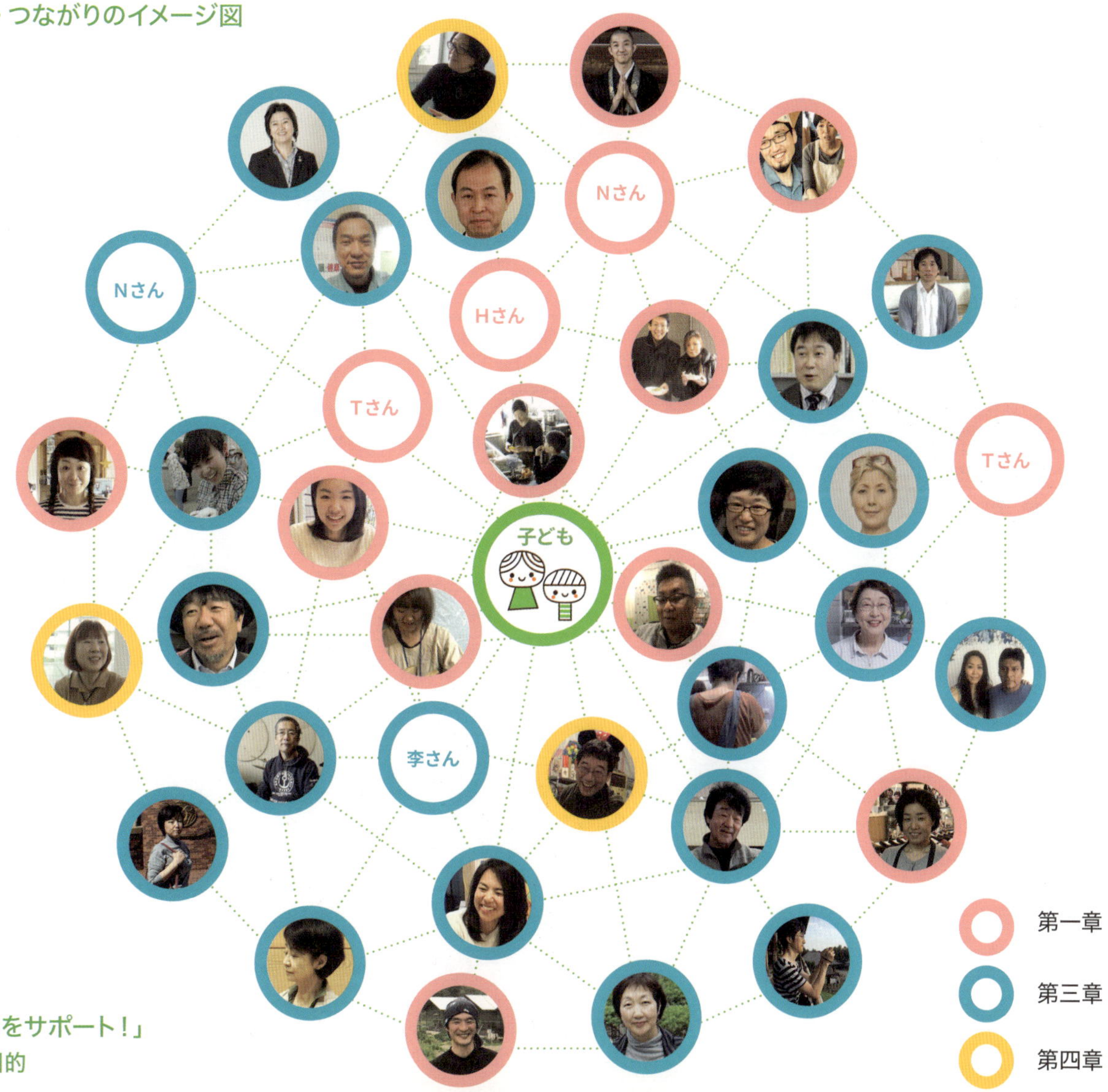

「子育ちをサポート！」
活動目的

子どもには自分で育つちからがあります。そのちからを様々な原因で奪われている子どもたちがいます。子どもが育つ環境をおとなや社会は どう整えることができるのでしょうか？　私たちは周りのおとなと共に、よりしんどい状況に置かれている子どもたちに「まずは、ごはん！」からつながり、「子どもの育ち」をサポートできる社会を目指し、活動を展開していきます。

ＣＰＡＯ／しーぱお：Ｃ＝Ｃｈｉｌｄ＝子ども・ＰＡＯ＝包む／家

実際にはもっと多くの方々とつながり、子どもたちを応援・サポートしていますが、今回は３８名の方のご協力を得て、その一端をご紹介させていただきます。

カメラ部@松野農園　２０１５年の夏休みに子どもたちが撮りました

第一章　つながる

アウトリーチ ＊英語で手を伸ばすという意味

「最後におなかいっぱい食べさせられなくて、ごめんね。」

２０１３年5月24日、大阪市北区のマンションの1室で、母と子（当時28歳と3歳）の遺体が発見されました。死後３ヶ月が経ち、親子ともに一部、白骨化して見つかっています。部屋の電気やガスは止まり、ガス代の督促状が入った封筒の裏に書かれた遺書のようなメモが残っていました。このマンションには、夫の暴力から逃げてきていたとのことで、実家にも住所を知らせず、住民票も移しておられませんでした。冷蔵庫や部屋には食べものもなく、生活に困窮し、餓死した可能性が高いとみられています。

この事件の翌日、子どもが巻き込まれる「悲劇を繰り返したくない」、また事件は氷山の一角だと、子ども支援関係者と共に大阪子どもの貧困アクショングループ（Child Poverty Action Osaka 通称ＣＰＡＯ／しーぱお）を立ち上げました。「どうすればしんどい状況に置かれている親子とつながることができるのか？」と仲間と考え、やむに止まれぬ気持ちで事件の近所の商店街で「助けてって言ってもええねんで」というカードを配る活動から始めました。

当事者に聞く、ニーズに応える

また実態を知らなければ必要なサポートはできないと考え、まず冒頭の事件を念頭に、半数以上が貧困状態に置かれている、ひとり親世帯、特にシングルマザー親子がどういった状況を生きているのか、彼女らの現実を知りたいと考え、『シングルマザー１００人がしんどい状況について話しました』という聞き取り調査から始めました。

１人紹介してもらったら、またその方に1人紹介してもらう、またシングルマザーを支援する団体に協力依頼にも行きました。そこで出会えた方々に、子どもの頃のお話から、結婚、離婚、そこで何があったのか、また、「今、何か困っていることはありますか？」「どんなサポートがあれば助かりますか？」といっ

たことをお聞きし、教えていただき、そのニーズに応えるように活動を展開していきました。

そのニーズの中で一番多かった、「愚痴が言える場所が欲しい」、「気軽にいける場所があれば」「子どもだけでもごはんが食べられる場所が欲しい」という声を受け、２０１３年５月に団体を立ち上げ、その年の12月には、「餓死事件」をきっかけに始めた活動でもあったので、「まずは、ごはん！」を中心にした居場所活動を始めました。そこからさらにシングルマザーの方のニーズを聞き、子どもの長期休みに、「お金も時間もなくて、子どもたちをどこにも連れて行けない」「家でずっとテレビを見て過ごしている」という声を受け、キャンプに行ったり、年末年始などを一緒に過ごすようになりました。さらに必要な方々には民間や行政のサポートにつないでいきました。現在もＳＯＳは全国から届き続けています。

心ある人とつながる

活動当初は、まだ「子どもの貧困」ということも言われ始めたばかりでしたが、２０１３年の8月に実施した団体立ち上げフォーラムには、いくつかの新聞が事前に告知してくれたこともあり、当日は冒頭の事件に心痛める１００名以上の方々が参加くださいました。そこには、現在スタッフとなり共に働いてもらえるようになったり、今もなおボランティア協力やご寄付をしてくださったり、活動当初からサポートしてくださる方々がおられました。

またフォーラム後、毎月、様々な講師の方をお呼びし、学びながら、自分たちにできることを考える勉強会を開きました。そこでまたさらに心ある方々とつながり、活動もアウトリーチと調査から、居場所活動へと展開していく中で、共に活動してくださったり、食料や物資、ご寄付を提供してくださる方々ともつながることができました。

この章では、保護者の方や子どもたち、活動初期からサポートしてくださるみなさんとどうつながったのかについてご紹介いたします。

Hさん

3年半ほどほぼ週3回、参加してくださっています。人手が足りないと、子どもたちと遊んでくださったり、キッチンでも調理にあとかたづけにといつも本当に助けられています。

つながるきっかけ

子どもが2歳だったときに、近所のお母さんに子ども同士の年齢が近いこともあって声を掛けられるようになり、「子どもと2人暮らしで、生活は大変で」と話をしたところ、その方がどこかでCPAOのことを知って、「一緒に行ってみませんか?」と誘ってくれたのが、2014年の冬ぐらいでした。はじめはとても人見知りなので、ドキドキしていたのを覚えています。最初はその方の車に乗せてもらって一緒に行ってたんですが、その方は別の地域に引っ越されました。それからは子どもをベビーカーに乗せ、40分ぐらいかかりましたけど自分で歩いていくようになりました。

つながり続ける理由

人見知りでどこに行っても続かなかったんですけど、CPAOはみんな優しいし、いい感じで自由に放っておいてくれるんで居心地がよかったんですね。子どもが3歳ぐらいから行かせてもらって、もう小学生になりましたが、「CPAOがなかったらイライラしたりして、虐待とかしてたかもな」って、この間のお泊まり会の時に他のお母さんとも言ってたんです。よそでお泊まりをしたことは私も子どもも1回もなくってCPAOだけなんです。いつも自分の子もほかの子も、みんな楽しそうにしてるのを見てるだけでうれしいです。

Nさん

ご自身も子どものころから様々なつらい経験をされてきた方ですが、なんとかそれを乗り越えようとしておられます。関わるみなが彼女ら親子を応援しています!

つながるきっかけ

1年前けがをして仕事ができなくなってしまい知人に相談したところCPAOを紹介してもらったのが始まりでした。里親さんに子どもを預け、再統合を進めている最中だったのに、このままじゃ生活もできない、子どもとも一緒に暮らせない、どうしようとわらにもすがる思いでした。

つながり続ける理由

初めて行ったときも本当はあまり信用できなくて、子どもはみんなで育てたらいいなんてきれいごとだと思っていたんです。だけど関わっていくうちにCPAOでは子どももおとなもみんなそれぞれ事情があって、でもお互いに詮索するわけでもなく子どもたちもなんだか楽しそうだな、娘も私ももしかしたら楽しく過ごせるんじゃないかなって思ったんです。母親なんだからできて当たり前、だから自分がなんとかできなくちゃいけない、なんてそんなことなかったんです。だけど、頭では理解できていてもいまだに「私がなんとかしなきゃ」という考えは残っていて、子どもと一緒に暮らせるようになった今でもつい私が全部教えなきゃと子どもに対してきつく言ってしまったりもします。そんなとき他のお母さんが「大丈夫やって。みんなそんなもんやから。」って言ってくれたり、他の人が自分の子どものように叱ってくれたりでふと冷静になれるんですね。

きっとこれからも悩んで落ち込むこともたくさんあると思います。だけど、助けてくれるあたたかい人たちがいるから、CPAOでたくさんの方との関わりを通して「子どもをみんなで育てる」とはどういうことなのか考え続けていきたいと思います。

Yさん

4年ほど3人のお子さんと一緒に関わってくださっています。他府県から月に1回ぐらいとイベントやツアーなどの際にご一緒に参加してくださっています。

つながるきっかけ

2014年の春にテレビでCPAOのことが紹介されているのを見て、自分の関係する貧困の話で、シングルマザーの当事者の人が大阪で活動してはって、シングルマザーの調査もやってはることを知りました。電話はできないけどメールアドレスが紹介されてたんで、調査に協力させてくださいって連絡しました。そのあとすぐ公園でのバーベキューやキャンプに誘ってもらいました。その時、CPAOはまだ居場所がなくって、レストランを借りて、調査で知り合ったシングルマザー親子らとごはんを食べたり、年末年始には身寄りがないようなシングルマザー親子と一緒に過ごさせてもらったりしました。

つながり続ける理由

CPAOはみんなどこから来てるんか、誰と誰が親子なんか、スタッフなんかボランティアの人なんか分からない、それがいいんですね。あと、自分が生活保護ってこととか自宅の近所では言えなくって。もし生活保護やってことが分かったら、しんどい思いをして生活してる人もいるのに、自分たちだけラクして税金どろぼうだとか思われそうで。それに子どもがなんて言われるかと想像するとこわくて。だからここが少し離れてるのも行きやすいです。もしこれが学校の校区内にあったら行けないですね。それに今となってはCPAOに来るのは自分が楽しいいし、自然体でいられる、趣味って感じなんです。あと私は子どもと時々は離れたいと思うんですが、そんな時、CPAOが子どもだけキャンプに連れて行ってくれたり、釣りに行きたいって言ったら連れ出してくれて、子どもも楽しくすごさせてもらって助かってます。お金がなくて子どもがピアノ習いたいっていうけど習わせられないって話しをしたら、ピアノ部を始めてくれたり、本当にありがたい存在です。

ごはんの準備はもちろん、食べたあとも、みなで片づけます

つながるきっかけ

当初は、知人や活動をする中で出会った方々にお願いし、新聞の配達所やコミュニティレストラン、会社の一角などをご厚意でお借りし、月に1回、調査で出会ったシングルマザー親子らと一緒にごはんを食べ始めました。

２０１４年の夏には、ＣＰＡＯの活動がテレビや新聞で多数紹介されたことをきっかけに、大阪市生野区の団体より常設で場所を無償でお借りできることになりました。生野区でも月に1回、調査で知り合った親子と、地域外から交通機関を利用し来てもらったり、スタッフが送迎したりしながらごはんを一緒に食べていました。

子どもから子どもへ

数を重ねるうちに居場所の前を通りがかる子どもたちが「何してるん?」と声をかけてくれるようになり、「みんなでごはん食べてるねん」と伝えると、「いいな〜…」。さらに話を聞くと、「だって、家にごはんないもん」。「そうなん、じゃ、食べていく?」と聞くと、「うん!」。「じゃ、お母さんとかお父さんお家にいる?」と一緒にその子の自宅まで行き、保護者の方々に「〇〇さんに場所をお借りして、地域でごはんを食べたりしているんですが、お子さんもいいですか? よろしければご一緒にいかがですか?」と話に行ったり、保護者の方が家にいない場合には電話で了承を得て、ごはんを食べるようになりました。

個人としてつながる

まだ「子ども食堂」がここまで知られていなかった当時、保護者のみなさんが子どもを参加させてくださった大きなきっかけは、地域に長年、住んでおられたり、活動をされている方々とつながり、その方たちとつながりながらやっていることをお伝えしたことだったように思います。最近では、ネットを検索して参加したいという他地域の親子や、官民問わず子育て関係のサポートをしている団体や、保育園、病院、保護観察官の方々、それもほとんどが組織ではなく一人ひとり・個人としてのつながりだったりします。そのおかげで地域内外を問わず、様々な地域から、シングルマザー親子だけでなく、子どもだけ、きょうだいだけでと参加してくれるようになりました

つながり続ける理由

「CPAOに来てくれる理由・もっとしたいこと・言いたいこと?」
＊子どもが記者になり、子ども同士でインタビューをしてくれました。

ヒマなときにおもしろいことができるから。ごはんがおいしい。イベントがいっぱいある。12歳

たのしい。ごはんもおいしい。おもちゃもある。みんなといっしょにあそべる。6歳

CPAOにきてごはんもおいしいし、CPAOにきてたのしいことがイッパイあってよかった。7歳

ごはんがおいしくてたのしいからきてる。みんなときちんとしゃべれるから。11歳

海とか川とか山とかいっぱいいける。キャンプもできる。12歳

みんなやさしい。楽しい。いっぱい遊べる。ごはんがおいしい。いろんなところに行ける。10歳

CPAOにきてごはんを食べたり、あそんだりして楽しいし、CPAOだったらあんしんもするから。いっぱいきかいがあったらきたい! 7歳

楽しいし、ごはんがおいしいから。14歳

CPAOのごはん好きやから。ハンバーグとかウインナーとかをもっと食べたい! 8歳

みんなといっしょにあそんでたのしいし、ごはんをつくったり、つくってもらったりしたごはんもすごくおいしい。おいしいし、たのしいから。7歳

ママについてきてる。いろんな人と遊べて楽しい。5歳

海にいきたい! サーフィンしたいって言ったらさせてくれるって言ってくれてうれしかった。楽しみ。12歳

もっと川に行きたい。またまえみたいに魚とかとって食べたい。6歳

CPAOだけじゃなくて、ママと家でラブラブしたい。5歳

兼松徹
NPO法人CPAO事務局長
お母さん方からは「プーさんみたい！」、子どもたちからはやさしく何でもできる「かねまっち」と呼ばれ親しまれています。

つながるきっかけ

出会いは2013年8月の設立フォーラムでした。結婚、子どもの誕生、離婚と経験してきた自分の耳に「子どもの貧困」というワードがよく飛び込んでくるようになっていた時期です。特にシングルマザー世帯の貧困率は50％を超えているとのこと。離婚後の元妻や子どもの心配はすれども、こちらは離婚した身…なかなか直接できることは少なく、せめてそういう実態に対して何かできないか？　そういう世帯を生んだきっかけにもなる自分が学べるものはないかと、せっせと勉強会に顔を出すようになりました。必死で奔走されているスタッフの邪魔はしたくないけどもっと知りたい。本を読み、他の講演にも通い、子どもの家で子どもたちと遊ぶボランティアにも参加させてもらいながら、おそるおそる、できることを探しました。

つながり続ける理由

早5年。今日も子どもたちと遊び、学校の報告をたくさん聞き、荒れた子とは個別で話し、みんなで一緒にごはんを食べています。野菜嫌いだった子が「あのな、野菜あったらずっとごはん食べれるねん」と嬉しそうに食べて自慢してきたのを聞きながら「うんうん」と心でうなづき、この子たちにとってCPAOは、こういう育ちの環境も作って大切に思ってくれるおとなの集まりなんだなと感じます。お腹を満たし、次に子どもたちが発するニーズに応えていける、そんな日常がCPAOのごはん会になっているのでしょうね。

点たつみファクトリーの周辺、公園に遊びに行く途中

子どものこえ
「なんでいっつもあけてくれへんのん」小１女子
＊食事を自宅にお届けしたり、親の分も持ち帰ってもらったり、難しければ次を考えと、子どもたちのニーズに応えられるよう試行錯誤を続けています

吉永由紀子
NPO法人CPAOスタッフ

2017年6月より関わってくれています。若いのにとっても料理上手で、調理関連を主に担当しています。子どもたちからは「ゆきこ姉ちゃん」と呼ばれ、親しまれています。facebookのブログは、ほぼ彼女がレポートしています。

つながるきっかけ

仕事を辞め、探していたときに募集されていることを知り応募して、スタッフとして働かせてもらい、1年ぐらいとなります。子ども食堂やNPOと聞くと以前は、「余裕があり、意識が高い人がするもの」と少し上から目線というイメージを持っていました。ですが、いざ関わってみるとそういう方はおらず、あたたかい方たちばかりでした。

つながり続ける理由

それでも私自身子どもたちになにをしたらいいのかわからず、何ができるのかもわかりませんでした。ですが毎週、調理に来てくださる方や送迎をしてくださったり、週に1回、月に1回でもと参加してくださったり、少しでもと様々なものをお届けくださったりと、たくさんの方々が子どもたちのことを思い、関わってくださっています。「調理とかは無理だけど食材を切ったり、皿洗いくらいならできるよ」と来てくださる方もいます。そういう方々と関わり、自分には何ができるんだろうかと考えました。私は寄付はできない、でもおいしいごはんを考えたり作ることはできる。一人でできることは少ないのかもしれません。ですが、できることでいいんだと思えるようになり、一人ひとりができることを持ち寄ればこんなにたくさんのことができるんだということを知りました。それはきっと子どもたちにも伝わっていて、様々な方とのつながりが生きていく力になっていることをスタッフとして、一人のシングルマザーとして実感しています。

絵が上手なゆきこちゃん。子どもたちはかわいいと喜んでいたり、食べるのかわいそうといった声も

子どものこえ

「ちーぱお（CPAO）毎日あけてほしい」 5歳の子
＊「毎日あけることが子どもたちの最善なのか?」子どもの一番の希望は親と時間を過ごし、自分だけに向き合って愛情を注いでくれること

たかはしななさん・イラストレーター
http://nanahoshi.com

最近はオリガミアーティストとして活躍されています。活動初期からのメンバーで、この本のデザインに、ロゴ、カレンダーや報告書類、HP作成もしてくださっています。子どもたちからは「ななちゃん」と親しまれています。

つながるきっかけ

元々は、妹が盲学校に通っていて、学校のイベントのお手伝いや、通院の送迎などをするボランティアの方にお世話になっていたので、ボランティアという存在は子どもの頃から身近でした。それでなにか自分にできることでボランティアがあればと思っている時に、徳丸さんの前職につながり、その流れでCPAOにも関わっています

つながり続ける理由

活動には初めから関わっています。CPAOは枠にとらわれず、行動力がすごいんです。ちょっと参加してないと、壁にクライミングが出来てたり、倉庫がお風呂になっていたりびっくりするときがあります。私もそんな中で、毎回は無理でも、時間のあいた時に参加しています。ボランティアというよりはみんなに遊んでもらってごはんを食べてとふつーに一緒に過ごしているだけですね。私は自宅にて1人で仕事をしていて人との関わりが少ない環境なので、CPAOはいろんな人や子どもと関わることのできる私の居場所にもなっています。

拠点たつみファクトリーの壁。毎年、子どもたちの自画像とお誕生日をかいてもらっています

松島靖朗さん

はじめてお会いしたのは、まだCPAOは拠点も何もなく、大阪市内のカフェでした。お坊さんということをお聞きし、待ち合わせをしたところ、松島さんのTシャツにジーンズにキャップをかぶっての登場に驚いたことを覚えています。世間ではひどいとバッシングを受けるだろうお母さんがたのことも「いとおしい」とおっしゃってくださる心優しき、仕組みづくりのお上手な心強い仲間でいてくださいます。

つながるきっかけ

お寺には仏さまへの「おそなえ」のお菓子や果物がたくさんあります。仏さまからの「おさがり」としていただきますが、日常的に「おすそわけ」先を探していました。2013年5月大阪で母子餓死事件が起こりました。自分も母子家庭で育ち、ちょうど父親になった頃でしたから他人事とは思えませんでした。事件をきっかけに徳丸さんが団体を立ち上げたという新聞記事を拝見し、すぐ会いに行きました。支援の現場は想像以上に深刻でした。それでもお坊さんとしてCPAOさんの後方支援であれば力になれることがあるかもしれないと「おてらおやつクラブ」を立ち上げました。はじめは自分が出来る範囲での協力を、と考えていましたが「おすそわけ」を必要とする子どもたちは全国どこにでもいることを知りました。全国にあるお寺をきっかけに、多くの人々が身近に貧困問題が存在することにもっと関心を持ち、お寺の「ある」と社会の「ない」をつなげることができれば、それは大きな力になると確信しています。まずは今起こっていることを「知る」ことから。子どもたちの笑顔はお母さんの笑顔に、そして未来の世界への希望になります。

13年の年末より毎月お届けいただいます。お寺さんにクリスマスのお願いても、子どもたちが喜ぶならとクリス仕様にしていただいたことも

子どものこえ

「血いっぱいでて、早く死んだらええねん」小2の子
＊小2の子が調理中、包丁で指を切ったとき血が出るのを笑いながら言いました。「そんな人おらんよ、ばんそうこう貼ろう」と言うと「うん」と下を向いたままうなずきました

前田ひろみさん
会社員・元理事（お休み中）

大学生の頃から関わってくださっています。就職し忙しくなっても、子どもたちのポイントを外さず継続して関わってくださり、子どもたちからは「ひろみ姉ちゃん」と呼ばれ親しまれています。

つながるきっかけ

学生ボランティア募集の投稿を見たことをきっかけに、CPAOに通うようになりました。最初は、子どもと遊んだり話したりすることで力になれるのならという思いでした。

つながり続ける理由

時を過ごす中で、子どもたちとの関係が紡がれていき、子どもに向き合うことで、自分自身に向き合う場にもなっていることに気がつきました。自分が考える以上に、CPAOの子たちは、私の顔や考えの変化に気づいてくれています。お互い様だなといつも学ばされます。以前、「おとなの方が楽しいよ～」と徳丸さんが子どもたちに何気なく声をかけられていました。まだまだおとなになりきれない私は、子どもたちと一緒になってそれを聞き、心に刻みつけています。CPAOの子たちより、少しお姉さんの立場にいる身として、みんなに胸を張って「大きくなってからも、むしろその方が楽しいよ！」と言えるような、楽しい人生を体現していきたい！と私も頑張っています。CPAOはいつしか、私自身にとっての大事な居場所です。心ある人に囲まれての手作りのCPAOです。様々な方に知ってもらいたい！そう思う人が増え、子どもたちの人生のサポーターが増えたら嬉しいです。

Tさん

他府県に在住ながら、大学生の頃から関わってくださっています。今は、児童養護施設でお勤めされています。

つながるきっかけ

大学3年生の時、日本の子どもが貧困であることを知りました。深く知りたい…。そんなことを思っていた時にCPAOが主催する勉強会に参加してから長年関わっています。子どもたちは私を見つけると名前を呼んで来てくれます。自分が求められる喜び、子どもたちが成長していく姿を見るのが本当に楽しいです。

つながり続ける理由

子どもたち、お母さんたちと真正面から向き合い、支え続けるスタッフの方々の姿を見て、微力ではありますが、一緒に子どもたちが少しでも笑顔で生活できる社会を作りたい。そして、枠に縛られないCPAOの取り組みに大きな可能性を感じ、現在まで関わらせていただいています。

学生時代からたくさんの人、団体と携わらせてもらいました。怠け者だった、失敗するのを恐れて、一歩踏み出せなかった私が変わるきっかけになったことがあります。大学生のときフィリピンで貧しいながらも、地域のために活動する子どもたちの姿を見て、「自分が変わらなければ、自分が何か始めなければ、社会は変わらない」と感じてから、新しいことに一歩を踏み出すようになりました。何か始めようとするのが怖かったり、失敗しようとどうしようと不安になると思います。ですが、始めることで自然に仲間ができ、新しい発見があります。

勇気を出して一歩踏み出すことで自分が変わる、そして社会が変わると信じています。

子どものこえ

「おとな腹立つ、子どもは何もしてないのに」小5の子
＊遊んでいる最中に涙しながら言ってくれました。両親の離婚直前でした。子どもともっと遊んでつぶやき聞きたい。子どもの気持ち聞くおとな増やさなあきません

野中勝志さん・和子さんご夫妻
すまいるサポートCLUB
https://www.facebook.com/smile.support.club/
（日本マッサージ師支援協会）

　活動初期の勉強会にご参加くださってから、長年、お野菜のご提供やご寄付をちょうだいしています。結婚早々、実子を待たずに里親申請されたという、筋金入りの心あるご夫妻。長年つながってくださる心強い存在です。

「自分の力だけで大きくなったわけじゃない」

　そう教えてくれたのは、子ども達でした。おとなになり、何とか自立した生活もでき、縁あってようやく結婚、そんな中、シングルマザーの三兄弟を預かる機会がありました。その人様の子どもと食事をする、遊ぶといった何気ない一時を通して、自分が幼い頃あたりまえのようにお世話され、見守ってくれていた近所の方や、友達の親兄弟など数々のおとな達との風景が走馬灯のように浮かんできました。「今があるのは、幼少期見守ってくれたおとな達のおかげでもある」

　そんな幼少期に受けたおっちゃん、おばちゃん達の想いを今の子ども達に繋げたい、恩返しがしたい、しかし、仕事も遅いし時間もない。そんなときSNSでCPAOさんの存在を知り継続的に寄付をすることで参加することにしました。また、同じ想いの人は必ず要ると思い知人友人に声をかけ、支援物資を募るようになりました。

　きっかけは恩返しのつもりでしたが、結局は逆に与えてもらうこと得られることばかり。更に、日々の活動を支えておられる現場関係者やボランティアの皆さまのおかげで活用して貰えていると日々頭の下がる思いです。

　同時に、一人でも多くの方が現状を知り、活動に関わることで、子ども達から何かを感じ、更に自分に何が出来るかを考えるきっかけになればいいなぁと思います。まずは、「まずは、ごはん！」の一歩が各地に広がることを切に願います。

出口晴久さん・真弓さんご夫妻
オーガニッククロッシング
http://organic-crossing.org/

　手間ひまかけて作られたお野菜を農家さんから仕入れ、ご夫婦で販売をされています。２０１４年の７月、ごはん会の第１回目からお野菜をお届け続けてくださっています。おいしいお野菜に子どもたちはすっかり野菜好きになりました！

真弓さん：続けるために仕組みから考えて、「かまどdeごはん」というみなでごはんを食べるイベントをやっています。参加費から材料費をひいたものと寄付を募り、それで野菜を買ってCPAOに送っています。他力本願じゃないけど、言ってみたらやってくれる人がいる。言ったらきっと助けてくれる人がいるんちゃうかな。これからもっと輪を広げていきたいです。

晴久さん：オーストラリアを旅した時、貧乏旅行で食べ物が厳しくって、それと東北大震災のときに炊き出しに行ったときにパンとかお弁当とかは出るんですけど、それじゃ活力がわいてこないみたいで。そこでけんちん汁の材料を３００人分持って行って作ったときに、あるおばあちゃんに「これ味せえへんやない」って言われて、「でも味はせえへんけど、関西から来てくれてあったかいお汁つくってくれて、それがうれしい。明日もがんばれる気がする」って言ってくれはって、それが今続けているベースにあります。だからCPAOの「まずは、ごはん！」っていうのに、強く賛同してます。

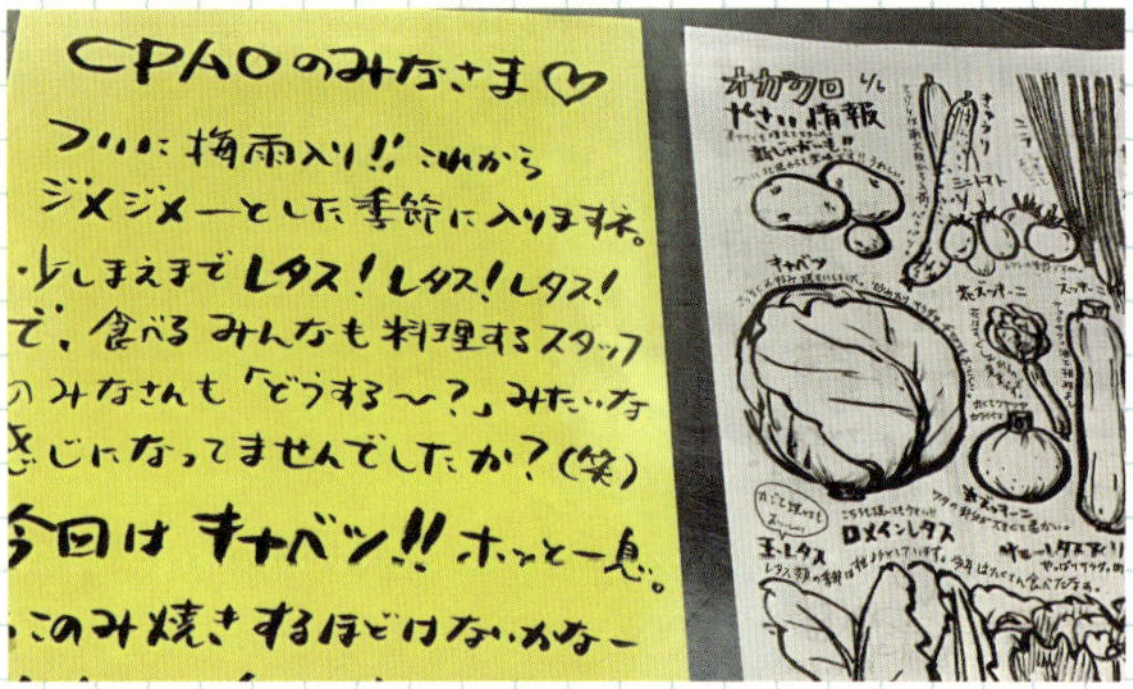
CPAOのみなさま♡
ついに梅雨入り!! これから
ジメジメーとした季節に入りますネ。
少しまえまでレタス！レタス！レタス！
で、食べるみんなも料理するスタッフ
のみなさんも「どうする〜？」みたいな
じになってませんでしたか？（笑）
今回はキャベツ!! ホッと一息。
このみ焼きするほどはないかなー
やさい情報
新じゃがーも!!
キャベツ
ロメインレタス
玉レタス

「○○はなぁー、めっちゃかわいそうな子やねん。毎日おなかへってんねん」
＊お母さんが１人で長時間働き、ほとんど１人で過ごしている小３の子でした。もう遠くのおばあちゃんの家に１人で引っ越していきました

坂東武子さん・坂東酒店
http://www.vin-sante.com/

酒屋さんの3代目。小さいシャトーでつくられた自然派ワインや自然食品の販売をされています。

私は市場で多くのおとなの中で育ちました。おとなたちはどこの子も関係なく〝みんな元気かな?〟っていつも気にかけてくれていました。それは、支援とか大袈裟なことでなく、お腹空いてるんか? ほな、これ食べ!ってことです。10代の時に世界には食べられない人がいることを知り、食の仕事に就いたら支援しようと思っていました。オーガニック映画祭を主催した時に出口さんと出会い、CPAOを知りました。だれがどんな風にどんなものを食べてくれるのか見える形での支援に感銘を受けはじめました。藤井いちじく園でワイン会をした時などに会費の中から寄付しています。お金を直接渡すのもいいけど出口くんや織座農園を通して、おいしい野菜に変えることで輪を広げ、助け合いながら無理なく続けたいと考えています。誰かの喜びが自分の喜びにつながると考えてくださる方ばかりで、私もみなさんから助けてもらっています。

峰地幹介さん・蓮ヶ峯農場
http://hasugamine.com/hasugamine/

一般的に売られている鶏肉は、ほとんど運動もできないような状態で飼われているそうです。そんな中、餌にもこだわり平飼いで元気な鶏を育てておられます。そんなていねいにつくられた、子どもたちが大好きな卵を2014年から継続してお届けいただいています。

高校生の時に釜ヶ崎の炊き出しに行ってて、それがすごい衝撃で。あの人たち優しいじゃないですか、何も持ってなくて。でも「今日はもう食べたから隣の人にあげて」とか、毛布とかも「1枚でいいよ」とか。何もないのに、何もないから分け合うのかもしれない。オヤジが死んで5年前にこの仕事を始めて自分でものを作るようになって、釜ヶ崎のことを思い出して、活用してくれればと人に教えてもらってCPAOを知ったんですよ。本来は税金をちゃんと分配してくれればいいんだけど、子どもは自分の子どももよその子どももないじゃないですか。おとなになるまでは何らかしら手を貸してあげんとおっきくならへんやろうし。卵送るぐらいしかできなくて、現場をやってくれる人がおるから悠長なことも言ってられるんやろうけど。子どもの心は何とかしてあげたいですね。僕ら高級品つくってて言われるんですけど、普通の食べ物つくってたらこうなったのか、周りが勝手に安くなっちゃったのか。でも命を普通に扱いたいんですよね。

子どものこえ

「なんでもいいです。お腹いっぱい食べたいです」

*いつも下の子におかずを取られている中2の子に「今度、好きなもの作ってあげる。何がいい?」と聞くとそう答えました。常におなかを減らしていることが分ります

第二章　つなげる　「まずはごはん」

「おなかへったー!!」

平日の学校終わりや特に学校の給食がない週末や、夏休みなどの長期休みになると、おなかを減らして拠点、たつみファクトリー（以降、ファクトリー）に子どもたちがやってきます。週3回、平日は保育園や学校が終わる16時から、週末や長期休みにはランチも食べてもらうため、昼過ぎからあけています。2日に1回ぐらいしっかりごはんを食べてもらいたいという思いです。どうしても合間にごはんがない子には、多めに作り持ち帰ってもらったり、自分で作れる子には食材を持ち帰りしてもらったりしています。

また、「きょうだいで自分だけ、ごはんないねん」と親が他の子だけ連れ、食事に行ってしまったという子もいましたし、親が忙しいのでお金を渡され、自分で何かを買って食べてと言われ、おなかは減っていないけど、楽しいからと来てくれる、いわゆる孤食の子どもたちもいます。特に何もないけど、たまにはみんなで食べたいという子まで、子どもたちが来てくれる理由は様々です。毎日あけるのが子どもたちにとっていいことなのかは、悩ましい課題です。現在はおうちでごはんを食べる数をこえない、週3日で試行錯誤中です。

一緒につくってたべる、分けあう

私たちのごはん会の調理のポイントは、最終ごはんを食べる人数が確定するのが、17時の時点で数えてからになるということです。予約を事前にきっちりできる人ばかりではなく、ボランティアの方々もはじめはこれに、とまどう方が多いのですが、場数と慣れでなんとなく、20人分ぐらい作っておいて、人数が増えれば、1人分の量を少しずつ減らしたり、もう1品簡単な料理を作って足したり、冷凍保存しておいたごはんを解凍したり、多ければ、朝ごはん用にと持ち帰ってもらったりしています。あとは、ほとんどのスタッフもボランティアの方々も、家庭の数人分の量しか作ったことがない方が多く、毎回20人からイベントの時などには50～60人分という大量料理に困惑するということがありました。ただ単に市販のレシピに人数をかけて増やせばよいわけではありませんでした。さらに人手が足らず、

スタッフは本業の仕事が忙しく来れない、ボランティアの人が風邪でお休み。おとなは、私1人で、子どもたち20人のごはんを作らなければならない日もありました。そこでそれを見かねた子どもたちが「一緒にやろうか？」と言ってくれたり、お願いしたりしているうちに毎回一緒につくってくれるようになりました。

また調理ボランティアの説明会なども開くうちに、少しずつボランティアの方もお越しくださるようになり、現在では、調理担当スタッフ1名、ボランティア2名と調理をしたい子たちで一緒に作って食べるという形で安定してきました。目の前をなんとかする。あるもの、お心寄せのお届けでいただいたもので、みなで一緒に作って食べる。残れば分け合うということを基本の考え方にしています。

この章では、これまでのごはん会の中で、子どもたちが好きだったメニューのベスト10を聞いてみました。人気だったものから順番に、レシピや調理のポイントなどを合わせ、ご紹介いたします。

平日のスケジュール

14時　スタッフ集合。　そうじや洗濯、簡単なミーティング
15時　調理ボランティアの方々が集合
　簡単な打ち合わせ後、調理スタート
16時　ファクトリーオープン。少し遠方から参加する子たちの送迎
16時30分　保育園や低学年の子たちが集合。宿題、自由遊び
17時　高学年以上の子たちが集合。ごはんを食べない子は帰る時間
　食事を食べる子の人数を数え、調理の調整
　子どもたちも一緒に調理、配膳
18時　夕ごはん。食べたら各自、食器を洗い、デザートを食べる
　子どもたちはテーブルの片付け
19時　自由遊び
　スタッフ、ボランティア、協力してくれる子どもたとキッチンの片付け
19時30分　終了。遠方からの子たちは車で自宅まで送り届ける

さといもコロッケ

さくさくほくほくでみんな大好き

材料 20 人前　＊（数値）：g 数

里芋	2kg
玉ねぎ	3 個（750）
にんじん	3 本（270）
合い挽き肉	500 g
砂糖	大さじ 3
醤油	大さじ 5
酒	大さじ 5
生クリーム	100mℓ
小麦粉	適量
卵	適量
そうめん	10 束（500）
サラダ油	適量
揚げ油	適量

1

里芋はたわしでこすりながら泥を洗い流し、かぶるくらいの水を入れて柔らかくなるまで茹でる。皮を除いて熱いうちに固まりがなくなるまでつぶしておく。

2

玉ねぎ、にんじんはみじん切りにする。

3

そうめんは麺棒などでたたいて 2㎜の長さに細かく砕き、卵は溶いておく。

4

油をひいたフライパンに挽き肉を入れ、中火で炒める。挽き肉の色が変わったら玉ねぎ、にんじんを入れて玉ねぎが透明になるまで炒める。

5

4 のフライパンの余分な油をキッチンペーパーで拭き取り、砂糖、醤油、酒を入れて混ぜながら水分がなくなるまで炒め煮して粗熱を取る。

6

1 の里芋が冷めないうちに 4 の具材、生クリームを入れてよく混ぜあわせ、生地が冷めたらコロッケの形にして小麦粉、溶き卵、そうめんの順に衣をつける。

7

170 ～ 180℃に熱した揚げ油できつね色に揚げる。

ポイント

里芋の季節にはたくさんいただくことがあります。ポテトコロッケをもじって里芋コロッケを作ったところ、大好評でした。具材が和風味でソースなしでもごはんにあうこと。粘り気のある里芋の食感と、そうめん衣のカリカリした食感の意外な組み合わせが大受けでした。そうめんを長く切って衣にした「柴揚げ」は子どもには食べにくいですが、このコロッケでは細やかに切って子どもたちの口にやさしく工夫されています。いがぐりのような形にしても面白いです。芋類をつぶしたり、裏ごすとき、冷めてしまうと粘りが出てとても作業がしにくく、具材も混ぜにくくなります。熱いうちに作業を進め、あとで冷ますようにします。

コロッケの中身はすべて火が通っているので、高温で衣にきつね色が付く程度に揚げます。

一般的にコロッケは芋の量に対して具材量が多すぎると身割れの原因になるので気を付けましょう。衣はつけ落とした部分があるとそこから崩れてくるのでまんべんなくつけるようにします。

参考の献立：ごはん、味噌汁、里芋コロッケ、大根の煮物、
マカロニサラダ

♪ キッチンのもの

鍋・フライパン

どちらも大、中、小と用意し、用途に合わせて使い分けています。
フライパンは浅めのものだけでなく、口径が大きい深いものが別に一つあると、多人数分を一度に調理ができ、鍋の代わりにも使えて便利です。

ありがたいことにいつもたくさんの食材を様々な地域の方々よりお届けいただいています。時には、一度に同じ食材を大量にお届けいただくことがあり、活動当初は、保管場所も無く、保存方法も分からず、「どうしよう?」と戸惑うこともよくありました。保存の効く食材は近隣の方の倉庫の片隅に置いていただいたりしましたが、生ものや野菜が大量となれば傷む前に使い切ることは難しい…。現在ではそんなときは子どもたちやボランティアの方も総出で、冷凍保存をするようにしています。冷凍で保存できる食材は多く、下ごしらえをしてから冷凍しておけば調理の時間短縮にもなり便利です。

コラム１　たくさんお届けいただいた食材の保存方法１

魚介類

子どもたちは匂いにとても敏感です。おとなが気づかないくらいの匂いでも臭いと感じ、「食べたくない」ということもあります。一度上手く血が洗い流せていなかった時に「これ臭いから食べられへん！」と少し食べて全て残すということがありました。それからは臭みのもととなる頭や内蔵はできるだけ早く取り除き、骨もピンセットを使ってできる限りとるようにしています。流水で血が残らないようにしっかりと洗い流し、キッチンペーパーで水気をよく拭き取ってから保存します。もし、丸ごと保存するのであれば内蔵をとったあとにキッチンペーパーや給水シートを詰めて保存すると、解凍するときにドリップを吸い取ってくれるので臭くなりにくいです。

下処理が十分にされていれば子どもたちが苦手な匂いや骨は減らすことができるのでしっかりと行います。また、下味をつけたり、調理してから保存することも可能です。特に煮魚にした場合は煮汁も一緒に冷凍すると味もよくしみ、臭みも出ずおいしく食べてもらうことができます。「魚は骨があるから嫌い」と言っていた子たちもていねいに下処理ができていれば、自分たちで釣った魚を食べる、ということもありました。

少しずつ魚が好きになり、現在では、骨が付いたままでも食べられる魚が増えてきました。子どもたちが自分で釣った魚を食べたり、市場からいただいたイワシを自分で手開きするという機会があると苦手な魚でも食べる意欲が上がるようです。どこからその食材が来たのか？という話題にも興味が湧くようですね。

じゃがミンチ

少しのお肉でもボリュームたっぷり

材料　20 人前　＊（数値）：g 数

じゃがいも	・・・・・・	20 個（2,2kg）
合い挽きミンチ	・・・・	750g
酒	・・・・・・・・・・	大さじ 10
砂糖	・・・・・・・	大さじ 15
醤油	・・・・・・・・・	大さじ 15
みりん	・・・・・・・	大さじ 10
サラダ油	・・・・・・・	適量

1

じゃがいもは皮をむき、3cmの角切りにして水にさらす。

2

鍋に全ての調味料と挽き肉を入れて火にかけ、中火でよくかき混ぜながら加熱し、沸騰したら弱火にして、挽き肉に火が通るまで煮る。

3

フライパンを熱して、サラダ油を入れ、じゃがいもを炒める。じゃがいもにサラダ油がよくなじんだら 2 の挽き肉を煮汁ごと入れて弱火～中火で焦がさないようによく混ぜながら煮汁がなくなるまで煮る。

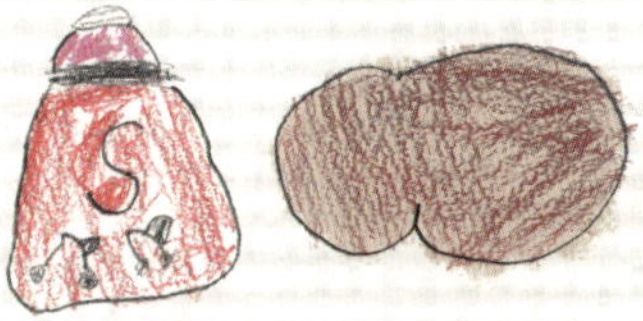

ポイント

淡白なじゃがいもを手軽においしく料理できるレシピの一つ。じゃがいもをたくさんいただいた時に嬉しい一品です。

挽き肉ははじめの火が強すぎると大きな固まりになってほぐれなくなります。きれいなそぼろ状にするポイントは、菜箸 4 ～ 5 本を手に持って中火くらいの火加減でよくかき混ぜながら加熱していくことです。これはそぼろ丼を作るときにも言えることです。

じゃがいもは種類によって煮崩れしやすいものがあるので、混ぜ方には気を付けてください。

参考の献立：ごはん、野菜スープ、じゃがミンチ、パスタサラダ、
ブロッコリーとパプリカのケチャップ炒め

♪ キッチンのもの　調味料

調味料はよく使うもの、あまり使わないものと分けて保存しています。容器の見えやすいところに調味料名を書いたラベルを貼っておくと、必要な時にすぐに取り出せて便利です。多人数調理では家庭での調理より使用量が多いため、なくなったらすぐ補充できるよう、ストックを切らさないことに気を付けています。

コラム 2　多人数調理のコツ

CPAO では作成された献立を時間、設備、調理担当者人数などの限られた条件の中で調理し、安全でおいしい栄養豊かな多人数の食事を作っています。日常的に作るのは 20 人程度の料理ですが、行事などでは 30 人以上の食数を作ることもあります。多人数の調理は、家庭で行う少量調理に比べて一つの料理を調理する食材量が多く、調理過程での調理操作、加熱速度、加熱時間や出来上がりの料理のおいしさなどの点で、少量調理のようにはいかない難しさがあります。CPAO で体験した多人数調理の特徴や解決方法からそのコツについていくつかあげてみます。

ゆでる

食材をゆでる時、加熱時間が長すぎると食材の色、柔らかさ、食感、味、栄養成分の変化などに影響が出ます。葉菜類をゆでるときは家庭での少量調理の加熱時間を目安にして、その時間内にゆで水が再沸騰してゆであがるように設備に応じたゆで水量と入れる食材量を考えるのが望ましいと考えられます。面倒でも食材を何回かに分けてゆでるのもいい方法だと思います。

いも類は大量にゆでる場合は家庭調理で行うような水からではなく、沸騰水に入れたほうが加熱に要する時間は少なくてすみ、味よくゆであがります。その場合の水量は材料の1.5倍前後の重量が適量です。

水切り

大量の食材を洗った時、水切りが十分でないと食材に付着する水や吸水される量が増えます。付着水や吸水量が多い生野菜のサラダは、調味が薄くなるだけでなく、水っぽくなり、歯触りも悪くなります。ゆでる食材の付着水が多い場合は沸騰水に材料を入れた時、ゆで水の温度が下がりすぎて再沸騰の時間が遅れ、作業効率が悪くなったり食材の品質が低下したりします。炒めものでは付着水が炒め油の温度を低下させるので、炒め時間が長くなり、食材から多くの水が出てしまいます。多人数調理では食材を洗った後、水切りをしっかりと行い、付着水をできるだけ少なくすることがコツです。水切りの方法は洗浄作業を早めに行い、大きなザルに広げて放置しておくこと。ザルを振ることも効果があります。

味つけ

調味についても多人数の調理では材料の多さや調理中の諸条件により、出来上がりの味がなかなか思うようにいかない難しさを実感します。大量調理用に作られたレシピ集は1人分の分量で書かれているので、とても参考になります。それでも実際はレシピ通りには行かないことが多いので、人数分の調味料のうち、調味の初めに約80%の分量で調味し、出来上がり間際に残りの分量で予定の味に調えていくようにしています。また2人分、4人分のレシピを参考に20人分の料理を作るとき、単純に10倍とか5倍にした調味料の分量では味が濃過ぎる場合があるので、初めはその約70%で調味し、あとで味を見ながら残りの分量を加えていくのが賢明だと思います。

使用した分量は記録して、食材総重量や出来上がり量、または調理に使う水分量に対する「調味パーセント」を出しておけば常に一定の味を再現できる基本数値として役に立ちます。「調味パーセント」の基準として塩味は汁物・スープではだし汁に対し0.6〜0.8%、和え物・酢の物では食材重量に対し1.0〜1.2%、一般的な煮物やソース類では1.2〜1.5%、砂糖味は和え物・酢の物では3〜7%、煮物は3〜5%といわれています。「調味パーセント」がこの範囲から大きくかけ離れていなければそれなりにおいしい調味ができるはずです。煮物の調味時期は早い方が調味液による煮汁量が増すため、加熱や調味の不均一さを補うことができます。煮汁が沸騰したら、砂糖を入れ、溶けてから塩を加えます。同時に入れると塩が先に浸透して砂糖の浸透が阻害されます。醤油の香気は揮発性のため加熱で失われてしまいます。大半は塩と一緒に入れますが、分量の一部は出来上がり間際に加えます。味噌や酢は醤油同様に揮発性の香気を生かすために最後に加えるようにします。

煮る

煮物は和・洋・中華それぞれに種類が多く、献立には頻繁に用いられる料理です。煮物の調理ではコンロの熱容量や鍋の大きさ、食材料に対する煮汁量、加熱速度、調味やかき混ぜの時期、加熱時間などが適切に対応されることがおいしさに繋がってきます。煮物1品の分量は煮物の種類によって異なります。ひじきやきんぴらのような炒り煮、炒め煮など濃い味つけのものは少量、おでんやポトフなどは比較的多量にとその適量を決めます。煮える速さが異なる材料を同時に煮るときは、切る大きさの大小を考え、下ゆでをしておきます。

一般的に多人数の調理は少量調理に比べて加熱中の蒸発率が低いため、加える煮汁量は少なくします。そのため加熱の仕方、調味の不均一、こげつき、煮くずれなどに気を付ける必要があります。落し蓋をうまく活用し、火加減は煮汁が沸騰するまでは強火、そのあとは沸騰が継続できる火力に調節します。

また仕込み量や煮汁量が多い煮物ほど、余熱を利用して食材を軟化させる効果が高いので、例えばシチューなどのじゃがいもは仕上がり間際に入れ、余熱を利用して加熱すれば時間の短縮や煮崩れ防止になります。適切な煮汁量は煮しめや炒め煮は食材重量の20〜30%、きんぴらや筑前煮のように煮上がりに煮汁の残液が残らないような煮物では10〜20%、含め煮やおでんなどは80〜100%といわれています。食材に20〜30%の煮汁を加えると、材料容積の4分の1くらいになるので加熱途中のかき混ぜが必要です。煮あがった時には煮汁が残っていますが、その残量の多少が材料への味の付き方に関係するので、調味料の分量はこの点も考慮する必要があります。

チリンドロン

ビタミンカラーで目にも美味しい〜

材料 20人前　＊(数値)：g 数

鶏もも肉 ・・・・・	5～6枚(2kg)
にんにく ・・・・・	2片(20)
玉ねぎ・・・・・・	3～4個(800)
ベーコン ・・・・・	80 g
生しいたけ ・・・・	2パック(200)
ピーマン ・・・・・	3個(120)
パプリカ赤 ・・・・	1個(180)
パプリカ黄 ・・・・	1個(180)
オリーブ ・・・・・	10個(40)
ホールトマト ・・・	3缶(1.2kg)
小麦粉・・・・・・	適量
オリーブオイル ・・	適量
白ワイン ・・・・・	100mℓ
水・・・・・・・・	600mℓ
コンソメの素 ・・・	2個
塩・・・・・・・・	適量
こしょう ・・・・・	適量

1

鶏肉は食べやすい大きさに切って塩・こしょうをし、10分おく。

2

にんにくはみじん切り、玉ねぎは2cmの色紙切り、ベーコンは1cm幅の短冊切り、生しいたけは軸を取り除いていちょう切り、ピーマンとパプリカは種を除いて2cmの色紙切りにし、オリーブは種に沿って実をそぎ取っておく。

3

1の鶏肉はクッキングペーパーで軽く押さえて水分を除き、小麦粉をまぶしてオリブオイルをひいたフライパンで両面をきつね色に焼く。

4

厚手鍋にオリーブオイルとにんにくを入れ、火にかけて炒める。香りが出たら玉ねぎ、ベーコンを入れてよく炒め、しいたけ、パプリカ、ピーマンの順に入れて炒めあわせ、軽く塩、こしょうをしておく。

5

4の鍋に白ワインを入れ、加熱しながらアルコールを飛ばした後、ホールトマト、水、コンソメの素を入れて煮る。沸騰したらオリーブと3の鶏肉を加えて弱火で15～20分煮こむ。塩、こしょうで味を調える。

ポイント

チリンドロン。何とかわいい響きでしょう。オリーブの産地、スペイン中部アラゴン地方の郷土料理だそうです。早速ごはん会で作ってみました。

カラフルな色彩が食欲をそそる鶏肉の煮込み料理。現地では羊肉やウサギの肉を使うこともあるそうです。鶏モモ肉は煮込む前に軽く焼き色をつけること、ベーコンを使うこと、玉ねぎをよく炒めることなどで風味、こく、甘味が増し、おいしさが引き立ちます。子どもたちは聞きなれない外国の名前に「なんかかわいらしいなあ」と会話が弾み、大好きなトマト風味だったのもよかったのか、食欲も弾みました。いつもはなかなか完食できない子もいるのですが、この日だけは全員が見事に完食でした。

オリーブがなければ省略してもよいし、ワインがなければ日本酒で代用しましょう。玉ねぎ入りのシンプルなピラフがよく合います。残りはパスタソースにしてもおいしいです。

参考の献立：コーンピラフ、スープ、チリンドロン、里芋サラダ

♪ キッチンのもの

食器

１枚で数種類の料理を盛り付けできるワンプレート皿、大・中・小の皿や鉢類など、何種類かの食器を用意しています。別に小さい子ども用・おとな用の食器があれば、年齢に応じた量を調整しながら盛り付けができ、配膳の際の目印にもなるので便利です。

コラム 3　たくさんお届けいただいた食材の保存方法 2

野菜

葉物であれば軽く塩ゆでして、食べやすい大きさに切り、水気を切ったあとに冷凍保存します。根菜であれば皮をむき、適宜切ったあと沸騰水中で軽く湯通し（ブランチング）して冷凍しておくと、調理するとき火を通しすぎる心配も減ります。じゃがいもやカボチャなどは完全に火を通しマッシュ状にしておけばサラダやソース作り、スープに使うとき便利です。人参や大根はそのまま冷凍すると風味が落ちるので煮込み料理や味の濃い料理にした方がおいしいと言って子どもたちはよく食べてくれています。

大量に食材をお届けいただいたときでもきちんと保存しておけば長期間品質が保たれ、野菜がない時にも、子どもたちにおいしく食べてもらうことができますが、冷凍やけをおこすと変色したり、独特の臭いがついたりしておいしくなくなってしまいます。ラップでしっかりと包んだり、フリーザーバッグに入れて、日付を書いておくことも大事です。また食材を入れたフリーザーバッグは大きめのボウルなどに水を張り、袋の口の部分ぎりぎりまで少しずつ水に沈めながら口を閉めると上手く空気が抜けた状態にすることができます。

肉類

豚肉や鶏肉は手に入れたその日のうち、できるだけ早い段階で冷凍することが大事です。100 g ずつの小分けにして冷凍し、必要な量だけを解凍して使います。解凍した分は必ず使い切り、再度冷凍はしないようにしています。 冷凍の前に、調理に応じて下味をつけたり、タレに漬けたり、ミンチであればハンバーグやコロッケなどに成形しておくと、調理の時、かなりの時間短縮になります。

タレに漬ける場合は味に敏感な子どもたちに対応して、薄めの味にしておき、調理の際に味を調えるようにしています。肉を切ったり成形したりして冷凍する時、子どもたちの年齢にもよりますが通常のおとなサイズより小さめにしています。

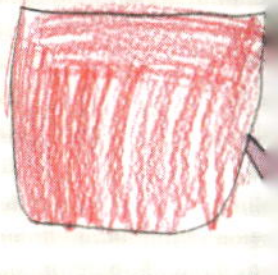

ふわふわがんも風天ぷら

ふんわりやさしいおいしさ

材料 20人前　＊（数値）：g 数

すり身市販品	800 g
木綿豆腐	1丁（350）
片栗粉	大さじ5
ひじき	1袋（22）
にんじん	1本（100）
ごぼう	1本（80）
油	大さじ1½
煮だし汁	150mℓ
砂糖	大さじ3強
みりん	大さじ1
醤油	大さじ3
揚げ油	適量

1

水切りした豆腐は手でつぶしながらすり身とよく混ぜ合わせてなめらかな生地にする。つなぎの片栗粉も入れる。

2

ひじきはさっと洗い、水に15分漬けてもどし、ザルにあげて水気を切る。

3

にんじんは皮をむいて2cm長さのせん切りにする。

4

ごぼうはたわしでこすりながら流水できれいに洗い、縦に切込みを入れてささがきにする。水にさらしてあくぬきをし、ザルにあげて水気を切る。

5

鍋に油を入れて熱し、にんじん、ごぼう、ひじきの順に入れて炒める。煮だし汁、調味料を加えて沸騰したらあくを除き、中火で煮汁が3分の1になるまで煮る。

6

5の煮汁を切って1に加え、混ぜ合わせる。

7

6を木杓子やスプーンなどですくいながら平たく形を整えて、160～170℃の揚げ油で色よく揚げる。

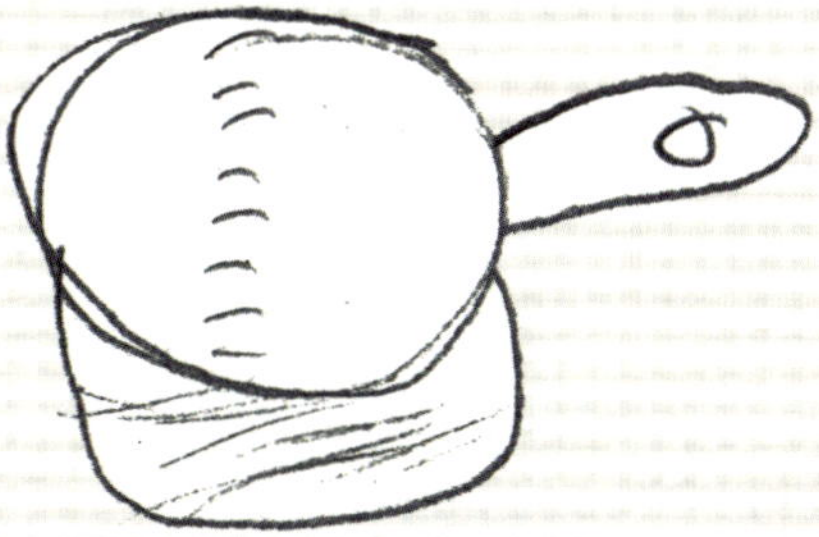

ポイント

お正月料理で作る予定だっただて巻き用のすり身が余ってしまいました。さてこれをどう使おうかとあれこれ考えた末にさつま揚げとがんもどきを合体させてみるとどうなるかなと出来上がった料理です。薄味で炊いた具材がすり身や豆腐となじみ、つけ汁なしでもおいしく食べられます。優しい味と柔らかさが子どもたちに受けたようです。

豆腐は軽く重石をして水切りしておくこと、高温では色が付きすぎるので中温程度できれいなきつね色に揚げることなどがポイントです。

揚げ物はせっかくきれいに揚がっても、揚げた後に重ねて置くと重なった部分の油が切れないのでべたつきます。重ねないように広げて油を切るようにしましょう。

参考の献立：ごはん、味噌汁、ふわふわがんも、里芋サラダ、ごぼうと玉ねぎの卵とじ

♪ キッチンのもの

流し、ガス

毎回食事が終わったら必ず、子どもたちはもちろん、ごはんを食べたみんなで、掃除をしています。ガス台はガス台とその周辺、受け皿などを洗剤で洗い、流し台は清掃後水気を拭き取り、ゴミも毎回ごみ捨て場に持っていきます。特に夏場は虫がわきやすいので水気をよく切って袋の口を密封するなどの注意が必要です。

コラム 4　献立の立て方

CPAO での食事は育ちざかりの子どもたちの成長を支え、味覚を育て、みんなと一緒に食べることの楽しさを満喫してもらうことが大事だと考えています。献立作成では使用する食品の多様さ、料理の組み合わせに変化があり、調和がとれていることが望ましく、使用食品の種類と数、色彩、季節感、調理法、味の組み合わせ、供食時の適温給食、器や盛り付け方などの点で細やかな配慮をしています。

献立では和食の伝統的な一汁三菜を基本として主食、汁、主菜、副菜 1、副菜 2 で構成されるように料理を組み合わせます。まずは主食を決めますが、私たちが日常食べている料理には和風、洋風、中華風料理があります。主食をご飯に決めたら味噌汁を中心に、主菜・副菜は煮る・焼く・揚げるなど基本の 5 調理法が重ならないような和風料理にするか、ご飯の次に主菜を中華風料理にするなら汁や副菜は中国風の料理にする、主食がパンやパスタなら汁・主菜・副菜も洋風にすると、料理の様式をふまえた献立構成になります。

CPAO に来る子どもたちの中には様々な理由で 1 日 3 食をしっかり食べることができていない子もいます。そのため食品構成では子どもたちの成長に欠かせない良質のたんぱく質を含む動物性食品や大豆製品を主菜に決めたら主菜と重ならない他のたんぱく質系食品を副菜や汁物にも配してたんぱく質やミネラルができるだけたくさん摂取できるように工夫しています。また野菜類は旬の提供品が多いので、旬の食材のおいしさを生かす調理法や他の野菜との組み合わせを工夫し、季節や食品構成を考慮して不足しがちな野菜を補うような料理の工夫をしています。

週 3 回の献立を考え続けていると時には限界がきて、同じような献立しか出てこなくなるときもあります。そんなときには子どもたちに「何が食べたい?」と聞き、そのときにある食材と組み合わせてみたり、子どもたちにも作ってもらえる献立にしてみると考えやすくなります。

カレーつけめん&チーズリゾット

みんな大好きカレーが2度おいしい

3
2に水、中華だしを加え、沸騰したら弱火にしてカレー粉、調味料を入れ、塩、こしょうで味を調える。

4
3の出来上がりに合わせてうどんをゆで、ザルにあげて水気を切っておく。

5
カレーつけ麺は4のゆでたての熱いうどんに3をかける。

6
チーズリゾットは3の残りにごはんをいれて軽く煮たものを、耐熱皿に入れてチーズをかけ、オーブンで焼き色がつくまで焼く。

材料　20人前　＊（数値）：g数

なす・・・・・・・・・	5本（500）
ピーマン・・・・・・・	10個（450）
パプリカ赤・・・・・	5個（1.4kg）
パプリカ黄・・・・・	5個（1.4kg）
豚コマ切れ肉・・・・	500g
うどん（乾麺）・・・	15束（1.5kg）
水・・・・・・・・・・	1.5ℓ
カレー粉・・・・・・	大さじ6½
中華だし・・・・・・	小さじ5
みりん・・・・・・・	大さじ10
醤油・・・・・・・・・	大さじ5
塩・・・・・・・・・・	少々
こしょう・・・・・・	少々
ごはん・・・・・・・・	お茶碗10杯分（約1.5～2kg）
ピザ用チーズ・・・・	適量
サラダ油・・・・・・・	適量

1
なすは乱切り、ピーマン、パプリカは5㎜の細切りにする。

2
フライパンに油をいれ、豚肉を中火で炒めて色が変わったらなす、ピーマン、パプリカを入れて炒め、軽く塩こしょうをする。

ポイント

昼食用に作った一品献立です。多くの野菜、肉、チーズが入るので、主食、主菜、副菜がこの一品に全部詰まっています。リゾットには冷凍のご飯を解凍して使い、あんかけの半分を用いるので、短い時間で調理できるうえにおなかも満たされる重宝な昼食料理です。

♪ キッチンのもの

配膳台

多人数の料理を配膳するときは配膳台があると、一度にたくさんお皿を並べることができ効率的です。調理台としても使用するので使用前・後には必ずアルコールで消毒しています。一般的な調理台や配膳台は子どもには高すぎるため、子ども用の踏み台を用意しています。

コラム 5　お泊まり会

　お泊まり会のときは前もって日数分の献立を考えておきます。数日分になるので同じようなメニューにならないように注意が必要ですが、アレンジのできるメニューにすると飽きずにおいしく食べてもらうことができます。たとえば１日目はシチューなどの煮込み料理にして、２日目にはシチューにトマト缶を足しトマトクリームパスタやリゾットなどにすると調理時間も短縮でき、子どもたちも喜んで「おいしい！」と言ってくれます。

　遠出をしてのお泊まり会もありますし、日中子どもたちと一緒に外に出て調理にあてる時間が少ない時や人手が足りない時は、前もって具材を切っておいたり下ごしらえしておけるものを献立に入れるようにしています。朝ごはんは子どもたちに作ってもらうことも多く、そんなときは前日の夜にサンドイッチの具材などを用意しておき、朝の用意はごはんを作るチームやお布団を片付けるチームにわかれて行います。おにぎりやサンドイッチであれば小さい子たちにも作ってもらうことができるので、みな張り切って作ってくれます。普段は食の細い子でも、昼にはおにぎりや果物をつめてピクニックのようなお弁当風にしたり、たくさん遊んでお腹が空いている夕食をボリューム感のあるメニューにしても、しっかりと食べてくれます。

　そして何よりお泊り会は子どもたちの大好きなイベントですから、食べ物もちょっとひと工夫や、特別なものを用意します。春は河原から採ってきたクレソンで鍋をしたり、夏はスイカ割りや流しそうめんをしたり、年越しの冬は「ちょっといいもの食べよう」と、子どもたちと一緒に市場に買い物に出かけて鍋の食材を買ったりしました。ちょっとした季節や行事を感じられる食べ物が恒例となりました。

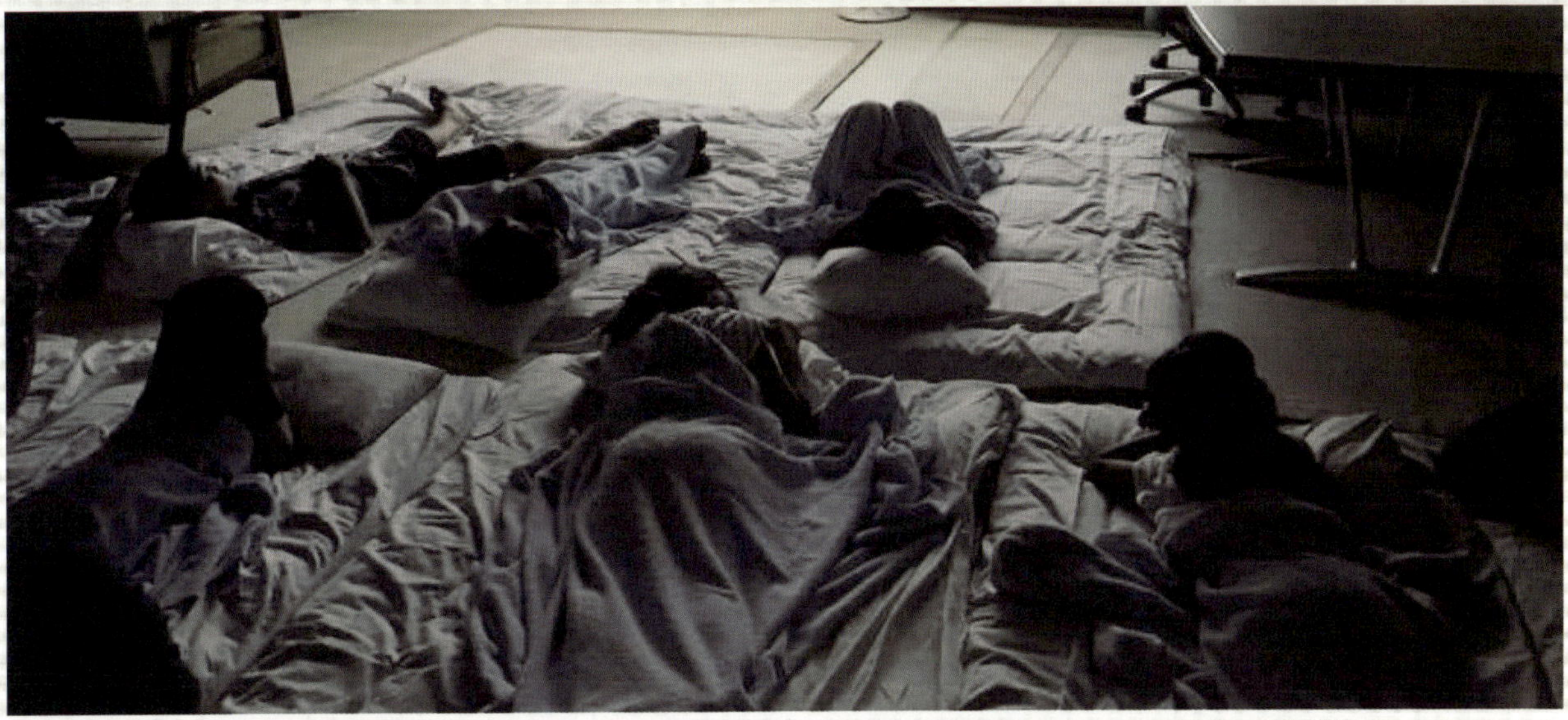

拠点たつみファクトリーでのお泊まり会。お布団の上に寝転がって、大画面の映画を見てからいつも寝るのが恒例となっています

でかシュウマイ

大きさに、おいしさに、びっくり！

材料 20人前 ＊（数値）：g数

合挽きひき肉	1kg
玉ねぎ	2個（450）
生しいたけ	1パック（100）
にんじん	2本（180）
餃子の皮	85㎜の大きさ 20枚
醤油	大さじ3
酒	大さじ2
砂糖	大さじ2
塩	少々
ごま油	大さじ3
片栗粉	大さじ5
サラダ油	適量
グリンピース	適量

1

玉ねぎ、生しいたけ、にんじんはみじん切りにし、餃子の皮は1㎝の幅に切る。

2

挽き肉に具材をいれて混ぜ合わせ、調味料、ごま油をいれてさらに混ぜる。

3

2に片栗粉を加えよく混ぜる。

4

フライパンに薄く油を敷き、餃子の皮を敷き詰める。

5

4に3の種をおき、その上にさらに餃子の皮を乗せる。

6

5の上にグリンピースを散らして蓋をし、弱火で15分蒸し焼きにする。

7

竹串をさして肉汁が透明になったら取り出す。

ポイント

肉だねを二つに分けて大きなフライパンで蒸し焼きにしたジャンボ焼売。「これ焼売なん？」と子どもたちはびっくり。この驚きに食欲が刺激され、あっという間に食べてしまいました。下に敷いた皮は焼かれてパリッパリッ。上の皮は蒸されてソフト。その食感もまたなかなかの味わいでした。

参考の献立：ごはん、中華風スープ、でかシューマイ、にんじんと小松菜の中華炒め、春雨サラダ

♪ キッチンのもの

冷蔵庫

冷蔵庫内は月に一度は清掃日を決めて食材をすべて取り出し、洗浄と拭き取りを行っています。食材の整理もでき、一石二鳥です。この日は在庫一掃ディとし、冷蔵庫にある食材の活用メニューを考えて食材を腐らせたり、賞味・消費期限が切れたりしないように工夫しています。

コラム６　遠足

遠足など外での活動の時はできるなら一人ひとりにお弁当を作ってあげたい。外でのごはんでも温かくておいしいものを食べてほしいと思いますが、大人数のときに一人ひとりのお弁当は大変です。外で作るのも場所や人手の都合で難しいときもあります。そんなときには先に調理しておいたものやカセットコンロとフライパンを持って行き、移動先で作れるものを子どもたちと一緒に作ります。

調理器具は何度も使っていくうちに厳選されてきます。今ではホームセンターで買った道具箱に、箸やスプーンやフォーク、包丁やトングや缶切りなどの調理器具一式をまとめています。また、屋外でのカセットコンロ調理の大敵は風ですので、風防（例えば段ボールを切ってアルミホイルで巻いたものなど）の準備をおすすめします。焼きそばを作って持って行き、着いたら温めるだけで食べることができるようにしたり、ホットドッグやたまごサンドなどの具材を用意し、子どもたちに自由に挟んで食べてもらったこともありました。ただ、具材を持っていくときには保冷バックにいれ保冷剤を食材の間にいれて必ず冷やしておき、食材を置く場所も日陰にするなど直射日光に長時間当たらないように注意が必要です。ラップをまな板やお皿に敷いて食べる準備をすると、汚れたら取り替えるだけで済むので水道のないところではとても便利です。

また、朝ごはんを食べてきていない子がいるときは小さめのおにぎりを作って、行きの車内で食べたり、帰りにもおにぎりや多めに作ったお昼ごはんを１人前ずつラップで包み持って帰ってもらうと子どもたちも食べやすく喜んでくれます。

おにぎりはいつも必ず、冷凍庫にストックしています。急に大人数が来てごはんが足りなくなった時や、次の日の朝ごはんに持ち帰ってもらったり、遠足にもって行ったりにとあると助かります

うどんぎょうざ

もっちりジューシなおいしさ

材料　20 人前　＊（数値）：g 数

ゆでうどん ・・・・・	10 玉（2.4kg）
豚挽き肉・・・・・・	1.2kg
にら・・・・・・・・	5 束（500）
卵・・・・・・・・・	10 個（500）
おろしにんにく ・・・	チューブ 10㎝
醤油・・・・・・・・	大さじ $3\frac{1}{3}$
ごま油・・・・・・・	大さじ $3\frac{1}{3}$
オイスターソース・・・	大さじ 5
塩・・・・・・・・・	少々
こしょう ・・・・・・	少々
ごま油・・・・・・・・	適量

1

うどんは袋から取り出して縦と横に 3 本ずつの切込みを入れて 16 分割にし、水で洗いながらほぐしておく。にらは 3㎝の長さに切り、卵は割りほぐす。

2

ボウルに材料をすべて入れ、粘り気が出るまでよく混ぜ合わせる。

3

フライパンに適量のごま油を熱し、2 のタネを 40 ～ 60 個に分けてスプーンで落とし、形を整えながら、中火で約 3 分焼く。きれいな焼き色がついたらひっくり返し、裏も焼き色がつくまで約 3 分焼く。

ポイント

ご当地レシピのうどん餃子を子どもたちが食べやすい味付けにしました。うどんや豚挽き肉がたっぷりと入り、おなかが膨らむ栄養豊かな一品です。柔らかい食感も子ども向け。何枚でも手が出そうです。ごはんよりもお替わりがはずみました。

参考の献立：ごはん、スープ、鶏肉とパプリカのトマト煮、うどん餃子、キャベツサラダ

♪ キッチンのもの

まな板・包丁

それぞれ肉洋・魚用、野菜用と使い分けています。子ども用包丁を用意しておくと小さい子たちも安全に調理をしてもらえます。ピーラーは大量の野菜やいもの皮が剝きやすく、短時間で効率よく作業ができるので便利です。ピーラーでの皮むきは子どもたちにとっても大好きな作業の一つです。

コラム7　クッキング部の活動

様々な事情がありお腹を空かせている子どもたちがいます。どうすればお腹を空かせずにいられるかと子どもたちと一緒に考えました。そして、もしも子どもたちが自分で作れるようになったら、食材を持って帰ってもらって自分たちで作って食べることもできるのではないだろうか?

それなら、自分たちで作れるようになるしかない!とできたのがクッキング部でした。

調理ボランティアの方々に最初は野菜のちぎり方など簡単なことから教えてもらうところから始めました。野菜を包丁で切るときはみんなが自分でやりたがり、包丁の取り合いになったりします。明らかに指を切ろうとしている子は「猫の手のように指先をちょっと丸くして押さえるんやで」と教えてもらったり、初めはスタッフの冷や汗が止まりませんでしたが、丁寧に伝えてもらうと、だんだんと包丁の使い方、火の使い方を順番に覚えていきました。子どもたちも始めたばかりの頃にはなかなか上手くできず、野菜の切り方がバラバラだったり、味が濃すぎたりと失敗もたくさんありました。ですが、今では「この間、雑炊作って食べてんー」「持って帰ったの、お鍋で温めて食べたで!」と話してくれるようになりました。

クッキング部の活動はごはん会のときやお泊まり会のときによく行います。お泊まり会のときの朝ごはんは子どもたちに作ってもらっています。ごはん会のときに人手が足りない時には子どもたちと一緒に夕ごはんを作ります。子どもたちは野菜を切ってくれたり揚げ物を作ってくれるときもあります。最初は「これどうやって切るん?」「こう? これでいい?」と確認しながらゆっくりしていました。最近では子どもたちの調理の手つきも慣れてきて、「これ千切りするでー」ととても頼もしくなってくれています。

魚のキャンディづつみむし

ワクワク♪ 中には何が入ってるのかな

郵 便 は が き

恐れいりますが、
切手を
お貼り願います。

5 5 3 - 0 0 0 6

大阪市福島区吉野
3 - 2 - 35

日本機関紙
出版センター行き

----------【購読申込書】----------

＊以下を小社刊行図書のご注文にご利用ください。

[書名] [部数]

[書名] [部数]

[お名前]

[送り先]

[電話]

ご購読、誠にありがとうございました。
ぜひ、ご意見、ご感想をお聞かせください。

＊お寄せ頂いた方の中から毎月抽選で
20人の方に小社の本、どれでも1冊プレゼント！

[お名前]

[ご住所]

[電話]

[E-mail]

①お読みいただいた書名

②ご意見、ご感想をお書きください

(プレゼント希望の書名：　　　　　　　　　　　　　　　　　　　)

＊お寄せ頂いたご意見、ご感想は小社ホームページなどに紹介させて頂く場合がございます。ご了承ください。

ありがとうございました。

日本機関紙出版センター　でんわ 06-6465-1254　FAX 06-6465-1255

材料 20人前　＊（数値）：g数

白身魚の切り身	20切れ（1切れ60〜80）
にんじん	2本（200）
キャベツ	10枚（550）
生しいたけ	2パック（200）
昆布	10㎝
オリーブオイル	適量
えのき	3袋（300）
塩	適量
こしょう	適量
酒	適量
クッキングシート	20枚

1

白身魚は酒、塩少々をふりかけてしばらく置く。

2

えのきは石づきをとりバラバラにほぐす。にんじん、キャベツは5㎝長さの千切り、しいたけは薄切り、昆布は2㎝角に切る。

3

20〜30㎝長さに切ったクッキングシートに昆布、白身魚、野菜の順に乗せて、塩、こしょう、オリーブオイルを少々ふりかけて、キャンディー状に包む。

4

蒸気が上がった蒸し器に3を入れ、露止めの布巾をかぶせて蓋をし、約15分蒸す。

開けたらこんなん〜♥バターをのっけるともっとおいしいよ〜

ポイント

調理ボランテイアにとって、生きのいい新鮮なお魚をいただいた時はとてもありがたく嬉しいです。鮮度の良いお魚はなかなか手に入れることができず、この時ほど子どもたちにお魚のおいしさを味わってもらえる機会はないからです。新鮮だからこそできる料理が包み焼きや包み蒸し。今回はクッキングシートに包んで蒸し物にしました。アルミホイルに包んでトースターやオーブンに入れ、包み焼きにしても簡単にできます　。

子どもたちは包みを見ただけで「これ何？これ何？」と興味津々です。包みを開いたとたんになんとも言えない香り。魚や野菜はもちろんのこと、具材からしみ出たエキス汁もおいしくて、ご飯にまでかけて食べる子もいました。

今回は子どもたちのために欲張って野菜をたっぷりのせましたが、新鮮な白身魚には香りがあまり強くない食材が合います。和風にはキノコ類や三つ葉などを使うと相性が良く、すだちの絞り汁がよく合います。酒は魚に振りかけることで風味をよくします。蒸すときに乾いた布巾をかぶせるのは露（立ち込めた蒸気の水滴）を吸わせて料理に落ちないようにするためです。

参考の献立：ごはん、味噌汁、魚のキャンディーづつみ、カボチャのサラダ

♪ キッチンのもの

ヘラ・さいばし

どちらも炒めたり混ぜたり取り分けたりするときに使っています。数組用意しておくと料理別に使い分けられ、調理のたびに洗わずにすみます。ゴムベラもあるとペースト状のものを扱う時に便利です。

コラム 8　スイーツ部

CPAO ではいくつか部活動を行っています。スイーツ部では月末に一度誕生日会のケーキを作ることが決まっていますが、その他の活動日は特に決まっておらず子どもたちがやりたいと言ったり、「今日スイーツ部する?」と聞いて「やりたい!」と返事が返ってきたらスイーツ部の活動日です。

作るものもパウンドケーキやクッキーなどその時にある材料で作り、最初はスポンジを焦がしてしまったり、半生の状態だったりと失敗も多かったです。ですが、何回も作っている間にだんだんとコツを掴んできて、先日はスイーツ部の女の子が1人でサーターアンダギーを作り、みんなにおいしいと言われ照れながらも喜んでいました。作っている時にも「この間学校で○○ちゃんが家で作った言うてたからわたしも作ってんねんでって話してん」と嬉しそうに話してくれます。

また、毎月月末の誕生日会ではスイーツ部の子どもたちがケーキの基本は作りますが、プロの方が調理ボランティアで来て下さりスポンジを焼いたりデコレーションを教えたりしてくださるときもあります。最初は分量の計り方や盛り付けの仕方など全部教えてもらいながらだったのが、今では「あれ用意しといて!」とデコレーションも子どもたちが考えて作ってくれています。

初めはホットケーキを作るだけが精いっぱいでしたが、今ではケーキのデコレーションにも凝り、毎回レベルアップした作品を見せてくれるようになったり、小さい子や新しく来た子に教えてくれるようになりました。

ホットプレートピザ

やきながら食べられるのがうれしいね

材料　20人前　＊(数値)：g数

薄力粉	225g
強力粉	300g
ドライイースト	12 g
砂糖	15g
塩	7g
温水(40℃)	300～350mℓ
バター	50 g
玉ねぎ	3個(600～800)
ピーマン	5個(225)
ソーセージ	300 g
マッシュルーム	2パック(200)
ピザソース	適量
ピザ用チーズ	適量
サラダ油	適量

1

ボウルにふるった薄力粉、強力粉、イーストを入れて混ぜておき、砂糖、塩、温水の順に入れてよく混ぜ、バターを加えてなめらかにまとまるまでよくこねた後、ラップフィルムをかけて30分以上常温でねかせておく。

2

トッピングの玉ねぎ、マッシュルームは薄切り、ソーセージは斜め切り、ピーマンは輪切りにし、パプリカは2㎜の細切りにして長さを2～3等分に切る。コーンは缶詰から出して水分をきっておく。

3

ホットプレートを160℃に熱して油を薄くひき、1の生地をスプーンで落として直径5㎝くらいに薄く広げる。

4

3の生地にピザソースをぬって好きなトッピングをのせ、ピザ用チーズをかけて蓋をし、7～10分焼く。

でっかくホットプレートいっぱいに焼いてもいいよ。
カラーパプリカやコーンをトッピングするとにぎやかで美味しそうになるよ。

ポイント

ホットプレートで作るピザは食卓で焼きながら楽しめる料理です。パン生地作りは難しくて時間がかかりますが、ピザ生地は１回だけの発酵で短時間に作ることができます。

イースト（微生物の酵母）がよく働くには32℃前後の温度が最適です。生地を作る時ぬるま湯を使うのも、常温で生地をねかせるのもそのためです。季節により常温では発酵に時間がかかる場合があるので、40℃くらいの温湯が入った大きなボウルに生地の入ったボウルを浮かせておくのもいい方法です。

生地は耳たぶのように柔らかくて滑らかになるまでよくこねること、こねた時の生地が２倍量にふくれるまで待つことがおいしい生地作りのポイントです。

生地を焼くとき、このやり方のほか、膨らんだ生地を軽くこねなおしてガス抜きをし、適量に切り分けて丸め、麺棒で薄く延ばす方法もあります。

♪ キッチンのもの

布巾

台布巾、調理用布巾、掃除用布巾などの種類別に何枚か常備しておき、常に清潔な物を使うようにしています。置き場所は低い位置にある引き出しに決めて、子どもたちも取り出しやすいように工夫しています。

コラム 9　イベント

　前もって計画するクリスマス会や進級イベントと違い季節の行事などはごはん会の日に重なるようであれば一緒に行います。たとえばひな祭りやこどもの日、七夕などはごはんをちらし寿司にしたり、彩りを少し華やかものにするなど工夫したメニューにします。ポテトサラダはトマトやブロッコリーなど細かくし混ぜ合わせると色も変化し形も自由に作れるので便利ですし、野菜を星型などにくり抜くだけでも特別な行事感が少しでて子どもたちも喜んでくれました。

　また、毎月月末にはその月誕生日の子の誕生日会を行っています。そのときには調理ボランティアの方と子どもたちが手作りケーキを用意したり、ごはんも誕生日の子が好きなメニューに合わせて作っています。作るごはんは普段とあまり変わらなくてもほんの少し「あれ？ いつもとなんかちがう！」というものを用意すると「今日はなんかあるの？」と子どもたちも行事に興味を持ってくれたり、「こんなん久しぶりです」と喜んでくれたり「それやってみたい！」と料理そのものに興味を持ってくれたりしています。

あんかけパスタ

パリッとしたパスタがくせになる

材料 20人前　＊（数値）：g数

エリンギ・・・・・・・	4パック（400）
しめじ・・・・・・・・	4袋（400）
ベーコン・・・・・・・	80g
パプリカ赤・・・・・	1個（280）
パプリカ黄・・・・・	1個（280）
にんじん・・・・・・	5本（750）
玉ねぎ・・・・・・・	5個（1kg）
青ねぎ・・・・・・・	少々
パスタ・・・・・・・	1.5kg
水・・・・・・・・・	1ℓ
中華だし・・・・・・	大さじ5
酒・・・・・・・・・	大さじ5
醤油・・・・・・・・	大さじ8
砂糖・・・・・・・・	小さじ5
みりん・・・・・・・	大さじ5
塩・・・・・・・・・	適量
こしょう・・・・・・	適量
片栗粉・・・・・・・	大さじ5
ごま油・・・・・・・	適量

1

エリンギは3cm長さの短冊切り、しめじは石づきをとってほぐしておく。ベーコンは横半分に切ったあと2cm幅に切り、パプリカは1cm幅の短冊切りにする。玉ねぎは薄切り、にんじんは太めの千切り、青ねぎは小口切りにする。

2

パスタは、大鍋にパスタ重量の7～8倍の水を入れて沸騰させ、水の0.5～1%の塩を入れた中で硬めにゆでておく。

3

フライパンを熱してごま油を入れ、ベーコンを炒める。ベーコンに火が通ったら皿に取り出す。

4

3のフライパンに玉ねぎ、にんじんを入れて炒め、玉ねぎが透明になってきたらしめじ、エリンギ、パプリカを加えて炒める。

5

3に水と中華だし、調味料をいれ、煮立ったら3のベーコンを入れて塩、こしょうで味を調え、煮汁をかき混ぜながら水溶き片栗粉を入れて、とろみをつける。

6

別のフライパンを熱してごま油を多めに入れ、2のパスタを入れてキツネ色になるまで炒め揚げし、油を切る。

7

6のパスタを皿に盛り付け、5のあんをかけて、青ねぎを散らす。

ポイント

普段はゆでてソースをかけるだけのパスタを、ごま油で炒め揚げしてソースはあんかけにしました。子どもたちは「パスタが香ばしくてパリパリしていておいしい」と喜んでくれました。
パスタはたっぷりの水が沸騰したところに入れてゆでます。その時に入れる塩の量はゆで汁の 0.5 〜 1% ですが、正確に測ってみると思った以上の量になります。塩を入れることで、パスタは弾力のある状態にゆであがり、パスタにも適度な味が付いてソースの味となじみやすくなります。片栗粉で濃度を付けるときは片栗粉の 2 倍くらいの水で溶き、煮汁の真ん中を空けるようにして、煮汁をかき混ぜながら少しずつ硬さを見ながら入れることです。こうすると煮汁全体にきれいなとろみがついて、しかもとろみがつきすぎて困ることもありません。

参考の献立：あんかけパスタ、スープ、じゃがいものベーコン炒め、小松菜と豆腐の煮浸し

♪ キッチンのもの

タッパー

残った料理を入れておくだけでなく、子どもたちのきょうだいのために持ち帰ってもらう時にもよく使います。大、中、小と用意しておけば人数に応じた量を入れることができます。

志垣瞳さん・調理学・帝塚山大学名誉教授・CPAO理事

長年継続して関わり続けてくださり、今回の出版ではレシピやポイントの監修をいただきました。普段はとっても優しく穏やかでいらっしゃいますが、調理になると、若いスタッフや子どもたちに、料理を基本からビシバシと一緒にやりながら教えてくださいます。CPAOにとっても大変、心強い存在でいてくださっています。

私にとってのCPAO

私は、CPAOの食事を作る作業に約4年ほど関わらせていただいています。多くのみなさまからいただくお心遣いの食材をもとに献立を立て、調理します。今は調理担当のスタッフが在庫食材をもとに献立の柱を考えてくださるので、大変調理しやすくなりました。ご厚意でお送りいただく食材を日常食で、行事食でとフルに活用しながら、どのような料理にして子どもたちのおなかも心も満たしてあげるかが、私たちの大事な役目と思ってがんばっています。元気に遊ぶ子どもたちが時折、台所からのにおいに引き付けられて様子を見に来たり、「何かお手伝いすることはありませんか」と手伝いに来たり、一瞬静かに食べ始めたと思ったら、「おいち〜い」という声が聞こえてきたり。調理冥利に尽きます。ごはんを中心に一汁三菜もの栄養の整ったおいしい料理が毎回用意されているので、週3回のごはん会は子どもたちの成長に大きな役割を果たしています。子どもたちの元気を分けてもらいながら、これからもがんばりたいと思います。

コラム 10　特別イベント

クリスマス会やハロウィン、進級進学イベントなど普段よりおとな数で行うイベントでは準備も前もって行います。子どもたちとなにが食べたいか、なにが作れるかなど一緒にインターネットを使って調べたり、子どもたちだけで決められそうにないときは、いくつかメニューの候補を出し、子どもたちに選んでもらったりしながらメニューを決めています。

当日の調理では子どもたちにそれぞれチームに分かれて一品づつ作ってもらい味や見た目を競うお料理コンテストにするなど子どもたちが楽しくできるようにしています。この日はおとなはあくまでサポートで、火を使うところやレシピが難しいとき、包丁を小さい子たちが使ったりとそんなときは少しだけ手伝いますが、子どもたちが自分たちでどうすればおいしそうに見えておいしくなるかと試行錯誤しながら一生懸命作っている手伝いをするだけです。できあがった料理をたくさんの人に食べてもらい「おいしい！」と言ってもらえると子どもたちは自信をつけてくれて、「次もっとおいしいの作るから！」と次回へのやる気に繋がっていきます。

CPAO では、子どもたちだけがふるまわれるというのではなく、時には子どもたちがいつもお世話になっている方々へ料理をふるまうこともあります。子どもたちは回を追うごとに上達し、それが楽しいのが伝わってきます。

第三章　つなげる　「ひと・もの・おかね・制度」

子どもを育てるには、村一つ

アフリカの有名なことわざです。子どもは親だけで育てるんではないという素晴らしい教えです。ですがこれは村や地域だけで子どもは育つという話でもないはずです。「自分が生活保護ってことが近所にばれたら…、それが子どもに向けられたらと思うと怖い…。少し離れてるから行きやすい」と先に紹介したシングルマザーYさんもおっしゃっていました。またいじめやチカラ関係が持ち込まれ、「お前くんな！」「わ、あいつ来てる、行こ」と言われ、学校や地域で弱い立場に置かれている子たちが、さらに私たちの居場所でも排除され、つらい思いをさせてしまったこともありました。

グローバル化の進む世界の中で、日本もライフスタイルや価値観は多様化していますし、地域と言っても様々な考えがあるのが当然です。なるべく顔が見える関係が良いですが、場所を問わず、つながれる、気が合う人と共に、考え方が違う方々とも敵対せず、子どもたちをサポートしていきたいと考えています。

対等で自由な関係

これまでにたくさんの子どもたち、保護者の方、ボランティアの方々など数えきれないほどの方と関わらせてもらいました。つながっている子たちとは、週3回、長期休み、夏休みなど、長いときには2週間近く、何年も一緒にご飯を食べたり遊んだり寝泊まりしていると、私たち関わるおとなとも、しんせきのような関係となってきています。

ですが、それがもちろん関わったすべての子どもたちのことではありません。つながりが切れてしまい、会えなくなった子どもたちも数多くいます。ひと同士のことで、相性もありますし、一つの場所だけですべての人とつながれるわけでもありません。また「支援は支配」とも言われます。もっといろんな人がつくる多様な場が地域内外にたくさんできれば、選ぶことができ、誰かにいつも一方的に合わせたり、依存したり、依存し合ったりすることもなく、対等で自由な関係でいられるように思います。

風通しの良い場づくり

そして場をつくる側は、「よろしければいつでもどうぞ」という気持ちで風通しよく活動を続けているといいことがあります。先日、一度切れてしまったと思ったシングルマザーの方が、2年ぶりにお子さんを連れ、「以前は、お世話になりました」と居場所に来てくださいました。また、自宅を訪問しても子どもと会わせてくれなかった方が、期間をあけながら何度も伺ううちに、「徳丸さんやで、おいで！」と部屋の中に声をかけてくださり、中から子どもが出てきてくれたこともありました。「大きくなったね。もう小学生になったんだよね」と話すと、部屋の中に戻り、ランドセルを背負って見せにきてくれました。子どもたちはしっかり覚えてくれていました！

子どもたちが大きくなって何かに困った時、「子どものころ、ごはんを一緒に食べたり、遊んだ人がいたな、楽しかったな」と思い出してくれたり、人や社会をポジティブに受け止めていれば、前に進めたり、誰かに頼ったり、私たちのことを調べ連絡してくれたりすることを願っています。そんな子たちのためにも、風通しの良い場づくりを続けていきたいと考えています。

困ったときに助け合えるぐらいのつながり

「人との付き合いがうまくできない」「面倒だから1人でいいんです」といった相談や話を保護者や子どもたちからもよく聞きますが、多くの人が人間関係に悩み、生きづらさを抱えています。人との関係は確かに面倒なことも多いですが、やはり、人は1人では生きていけません。たくさんでなくていい、合わない人もいるけれど、合う人もいるはず。困ったときに「助けて！」と言える関係を日常の中でつくっておくと、いざという時心強いものです。ですから、私たちサポート側も孤立せず、気軽にSOSを出し、ささえあう関係をつくっていくことが大切だと考えています。CPAOの活動はすべて、制度外自主事業。多様な方々とのつながり、心寄せだけで成り立っています。

この章では、目の前の子どもたちをさらなる社会資源につなげていくために、心ある方々とつながりながらどのようにして、活動を続けているのかをご紹介いたします。

佐藤　俊さん
はしもと里山学校・エコランドいと・はしもと代表

本当に賢い人とはこういう方を言うのではないかと私が思う代表が佐藤さんです。その他にも、里山には何でもできる寛容な方々がたくさんおられます。佐藤さんをはじめ、そういった方たちに子どもたちをつないでおきたい、そんな思いもあり、里山に通わせていただいています。

経済的に苦しい家庭環境のもとで、恒常的に「おなかがすいている子どもたち」が7人に1人（全国平均）という実態。頻繁に報道される子どもへの虐待や死傷事件。社会全体で解決すべき、根の深い課題であると、心を痛めていました。折しも各所で「子ども食堂」開設へ向けた動きが見られるようになり、しかし、果たして月に1回や2回の無料食堂で、何が解決できるのか、との疑問も感じていた矢先に、徳丸さんの講演会を知り、とりあえず参加したのが、今からほぼ2年前の秋ごろでした。

まず、心に深く入ったのが、詳細な実態調査を前提にしていること。大きな難問が見える中で、何とか「貧困の連鎖」を解決しようと取り組んでいる支援。もちろん行政ではできないきめ細かな対応に、日夜心を砕いている姿。毎週3回居場所と食事を提供し、定期的に「宅配」も行う持続的な取り組み。

「食事提供」だけでは、何の解決にもならないだろうという考えは、この一瞬で見事に打ち崩されたものです。

終了後、さっそく提案したかったのが、「里山での自然体験」。橋本市の大阪に一番近い地域で運営している「里山学校」。この大きなフィールド、舞台で、思いっきり遊んで、日常の困難な状況を離脱して、子どもらしい心を大きく広げられたらいい。

「はしもと里山学校」の数年間の取り組みの中で、心も体も豊かな子どもたちが育っている中に、共にふれ合いながら育ってみたらどうか。

まだまだ、やるべきことがたくさん見えてくるのですが、里山の輝く自然の中で、どの子も素晴らしい笑顔を見せてくれることが、おそらく間違いのない一つの解決方法かも知れない。子どもたちの笑顔に会えるのが楽しみです。更なる解決に向けて連携していけたらと考えています。

はしもと里山学校（http://satoyamagakkou.sakura.ne.jp/index.html）

バースデーケーキ。毎月最終活動日に、スィーツ部の子たちがおとなに教えてもらいながらケーキをつくり、ピアノ部の子たちが演奏し、みなで歌ってお祝いします

渡辺裕子さん

男女共同参画センターのスタッフ。活動初期、シングルマザーの調査からご協力くださっています。困ったときにいつも助けていただいています。現在、CPAO理事。

月1回ぐらいのベースでCPAOの調理ボランティアや子どもたちとケーキ教室をしたりしています。どうして始めたのかはっきりした理由が思いつかないのですが、私には子どもがいないので、子どもに関わることを一つぐらいしてもいいんじゃないかと考えていたのかもしれません。月1ぐらいの参加で、かえって迷惑ではと思うこともありましたが、無理してもしょうがない！　月1ぐらいに会うおばちゃんで、ごはんやケーキが美味しいと思ってもらったら充分だし、月1だからこそ見える子どもたちの変化、驚きをもって味わっています。ケーキ作りは料理と違って、粉や卵から形ができる面白さがあります。きちんと計るところから初めていて、きびしくやってます（笑）。

金悦子さん

調理ボランティアとしてご協力いただいています。いつもニコニコ優しい金さん。子どもたちは、初日から「金ちゃん、やさしい」となついていました。

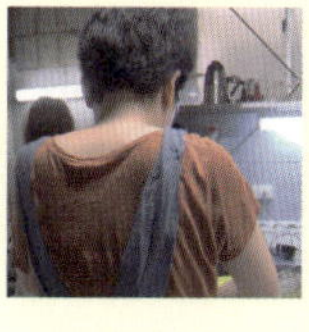

見えないものや見えにくいもの。私たちの周りには自分が気付かないだけでたくさんあると思います。それは美しく素晴らしい世界なのかもしれないし、見て見ぬ振りをし、現実から目を反らしている世界なのかもしれません。後者の世界を見つめるためには何が必要なのか。

気の遠くなるような課題が目の前にあっても、おとなである以上、そして先に生まれた人間の役割として次の子どもたちの未来を私たちが簡単に諦めるわけにはいかない。人は積極的に関わることで問題意識を持ち成長していく。どこかの誰かがその問題を解決して助けてくれるのを待つのではなく、子どもたちの身近に存在するおとなたちがほんの少しの優しさを持って接すること。そのおとなが親であれ他のおとなであれ、絶対にできることで簡単なことなのですが、それが難しい。

子どもを産むことが出来るのは唯一母親しか世の中には存在しません。が、子どもの成長を見守り育てることは母親以外のおとなも参加できると思います。そんなことを考えながら子どもたちの笑顔にこころ癒され毎度自分が子どもたちから学ばせてもらってます。

子どものこえ

「なんでもいいです。お腹いっぱい食べたいです」
*いつも下の子におかずを取られている中２の子に「今度、好きなもの作ってあげる。何がいい?」と聞くとそう応えました。常におなかを減らしていることが分ります

川辺響子さん
CPAOくらぶ ピアノ部先生

もう長い子は2年近くレッスンしていただいているのですが、なかなかうまくならない子が多い中、やさしくいいところを見つけ、ほめてくださるのでピアノのレッスンがみな大好き。それにうまくならなくっても、「私、ピアノ習ってるんねん」と言えることが大事なんだと思っています。

子どもたちの笑い声がCPAOに向かう道で聞こえてきます。「先生と○ちゃん（私の子ども）が来た！」と笑顔で年齢も様々な子どもたちが迎えてくれます。到着後、子どもたちとおしゃべりをして、レッスン開始。習わないけど興味津々にのぞきにくる子、「がんばるぞ！」とレッスンを受ける子。いろいろな人や言葉が行きかい、CPAOはまるで大きな大家族のようです。等身大でいられる場所。少しでも挑戦できたらほめるぐらいで、たいしたことはできていませんが細く長く続けていこうと思っています。

　人生のなかで、あの時、誰かに助けてもらった感謝の気持ち。それをまた誰かに少しでも恩返しできればとそんな気持ちでCPAOさんに関わり始めました。しかし実際は私がみなから元気をもらったり、わが子の面倒をみてもらったり、助けているつもりが助けてもらっています。やれるときにできることをし、共に楽しい時間をすごす。活動を続けられるのはCPAOが誰でも包み込んでくれる居場所であるおかげと感じています。

ピアノ部のレッスンをのぞく子ども。先生に優しくほめられ、楽しそうにやっているので興味津々です

子どものこえ

「本当は、みんなと仲良くしたい。でもできひんねん」
＊「はよ死んだ方がいい人なんかおらん。みんなと遊べるように協力するで！」と伝えると照れながらもうれしそうにしていました

髙橋達夫さん・一級建築士

ご協力いただいた拠点たつみファクトリーは、「よそにお泊まりに行かんでいい」「オレ、ここおったら落ち着く」とすっかり子どもたちは気に入ってくれています。

関わるきっかけは、徳丸さんの前職のNGOで東日本大震災の復興支援にボランティアとして関わったことでした。被災地の子どもたちの声を復興に取り入れるために、宮城県石巻市で子どもセンターという施設を、子どもたちと一緒にデザインすることになりました。はじめは、建築はこうあるべきとか、これまで信じてきたものの方を優先し、デザインを押しつけるようなこともあったかも知れません。ですが、子どもたちとワークショップを重ねるうちに子どもたちの想いが入ってきて、子どもセンターは、失った人と人とのつながりや親しんだ場所を取り戻したいという想いに応えるデザインであるべきだと思うようになりました。みんなの想いを〝かたち〟にするということは本来、建築士なら当たり前のはずですが、この経験は自分にとって大きな意味を持ち、その後に大学院に通ったりする転機となりました。

CPAOでは新しい拠点づくりのワークショップに関わらせてもらいました。まぁ小さい子たちもいて、どこまで子どもたちが思うものにできたかは分からないのですが、少しでも自分たちが考えた、一緒につくった場所で落ち着けたり、愛着を持ってくれたりすればうれしく、子どもたちの心に栄養がいき渡る、そんなことに貢献できればといったイメージで関わっています。

みなで拠点たつみファクトリーの壁塗りをしました

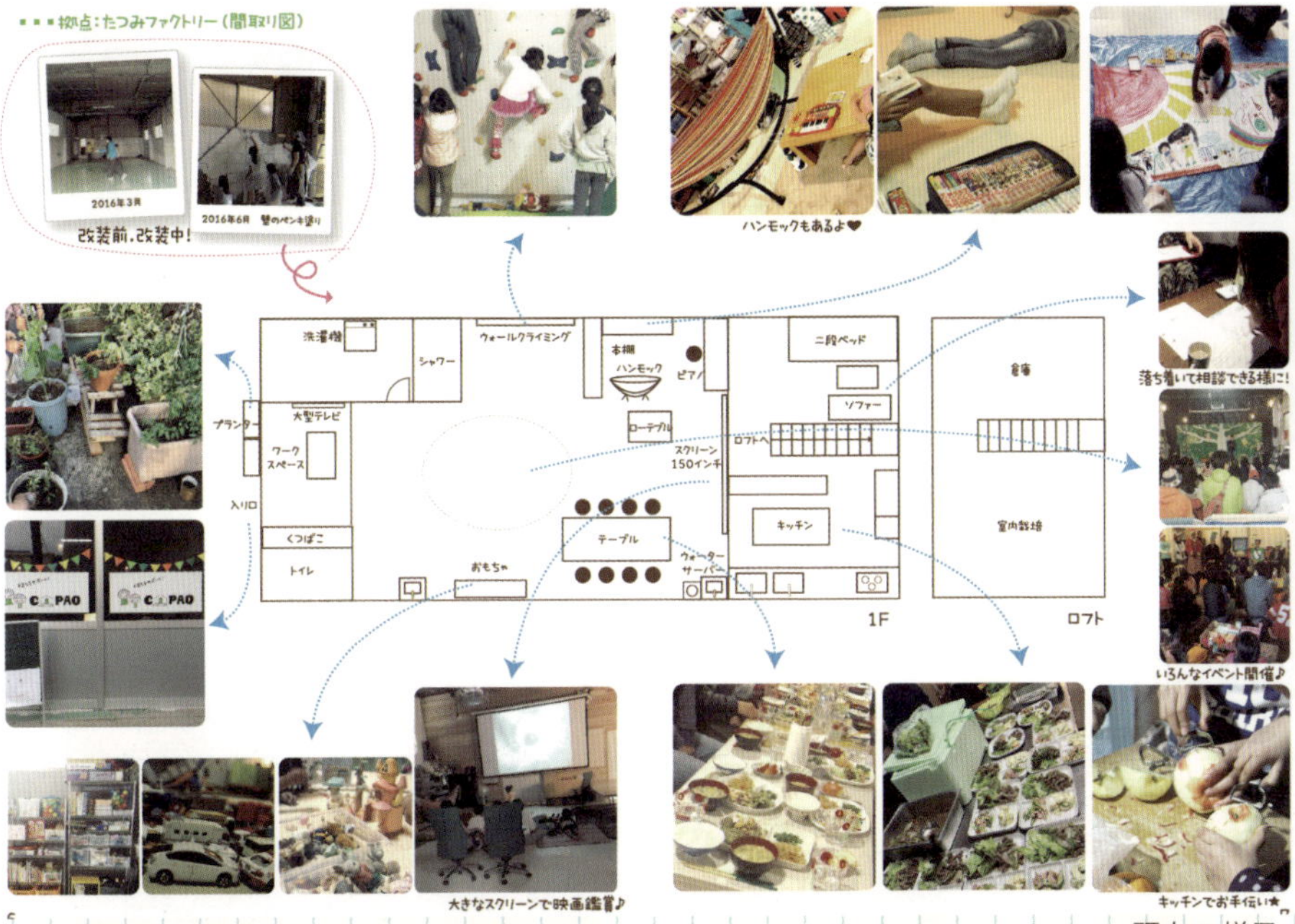

現在の様子

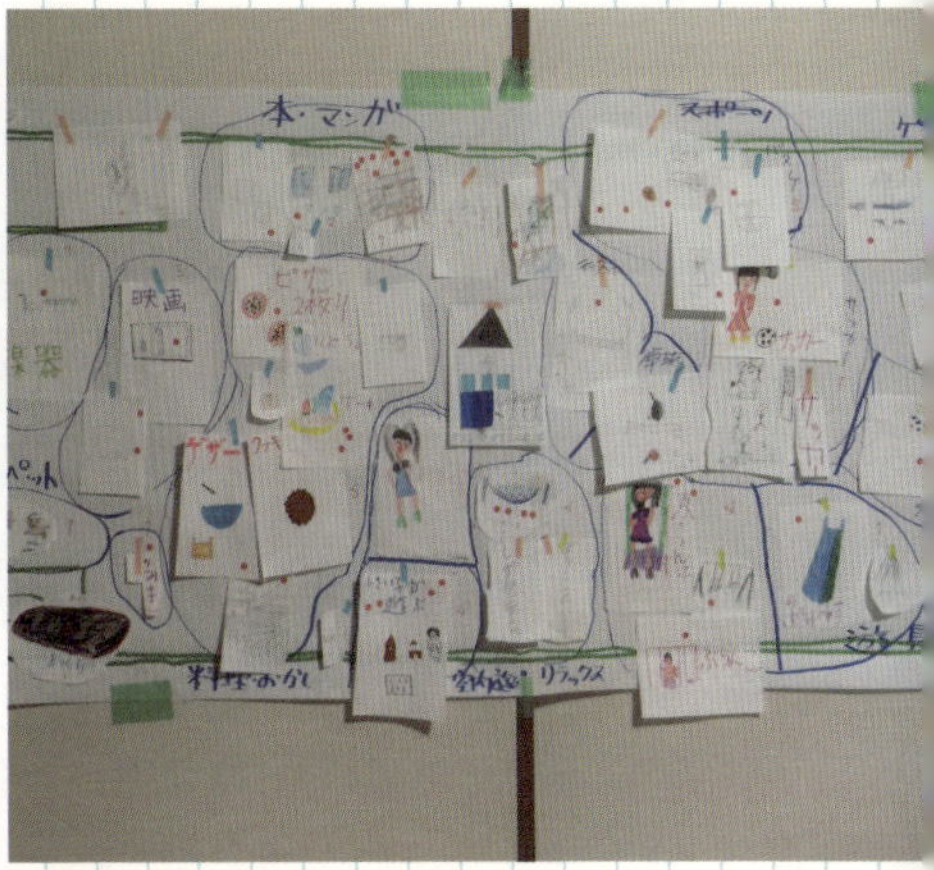

子どもたちにどんな居場所にしたいか、どんなものがあったらいいかワークショップを行いました

子どものこえ

「おれなんかロクな人間ならへんからな、むちゃくしてして、はよ死ぬんや」小３の子
＊「本当はどうしたいの？」と聞くと、こうもこたえてくれました→

稲塚由美子さん・CPAO図書部
ドキュメンタリー映画『隣る人』企画
海外ミステリー評論家

CPAOの記録動画を撮ってくださっている刀川監督からのご紹介で、知り合った稲塚さん。いつも東京からあったかいエールを送ってくださっています。

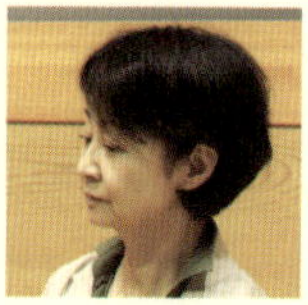

子ども食堂にもいろいろある。CPAOは自由だ。拘束されない。「からだ」も「心」も。図書部でいうと、子ども食堂のちょうど角に、椅子でゆる〜く仕切りみたいにされた本のある空間がある。まんがは必須で、夢見るために必要な、外に開かれた本が集まっている。寝そべったり座ったり、ほかで遊んでいる子どもやおとなの声が、聞くともなしに耳に入る。本を読むという静かな行いに重ねて入るあったかい声たちを通じて、子どもたちは安心と豊かさを実感する…‼「ちょっと〜、椅子を飛び越えんとって〜あぶないやんか〜」あれ？言ってることとやってることがだいぶ違う。いや、そこがCPAOなのです（冷や汗）。

「子どもたち」とひと口にまとめるな。一人ひとりは事情も背景も各々違う。だからCPAOは子ども食堂に来られない子には届ける。こっちから出向く。子どもと一緒に工夫してごはんを作る。一人ひとりの子どもたちとそのママたちに、どこまでも並んで一緒にい続ける「隣る人」であり続けようとしている。図書部のメンバーは、今日も世界中の本屋で、CPAO図書部にあったらいいな、の本を送り続ける。

山根希美さん・メディ・カフェ＠関西
https://www.facebook.com/Medicafewest/

活動初期から関わってくださっています。ご寄付をいただいたり、子どもたちとお絵かきワークショップをしてくださったりもしています。

私は、医療や福祉など様々な問題について様々な立場の人とざっくばらんに話し合う場作りをしています。5年前、子どもをテーマにした企画を考えている時に、知人から大阪で子どもの貧困について勉強会を開いていると聞いて参加したのがきっかけです。

子ども達自身が持っている生きる力の芽は、お腹いっぱい食べて、ゆっくり過ごせる場所があり、安心して甘えられるおとながいつもそばにいれば、自然に育ってくるのだとCPAOの活動を見ていて知りました。おとなに出来ることは、環境を整え、焦らず、押し付けず、子どもを信じて待つことですが、おとなの側にも、相当な余裕と持続できる体力が必要です。

CPAOが子ども達にとって、そんな存在であり続けられるように、少しでもお手伝いできればと思っています。

2017年夏休みの思い出を大きい紙に描きたいという子どもたちの要望に応え、山根さんもご一緒に子どもたちと描いてくださいました

公文名 召子さん・大学生

これまでたくさんの学生が子どもたちと遊ぶために参加してくれました。子どもたちと関わってくださる方にはじめに言うのが、「子どもたちに『何かをしてあげよう』とかは必要ありません。身を任せるような感じでいると、勝手に子どもたちがあれやってこれやって、あっちきてこっちきてというので、それに身を投げ出してみてください」ということ。公文名さんはそれがとても上手で、子どもたちに大人気です！

CPAOで活動させて頂くきっかけとなったのは、CPAOのボランティアスタッフをしていた姉の紹介です。「誰かのための活動がしたい」と姉に相談したところ、ご縁があってつながることができました。CPAOに顔を出すと、子どもたちが「しょうこおねぇちゃん！」と言ってかけ寄って来てくれます。荷物を置く間も無く「コレしよう！」と遊びに夢中な子どもたち。元気いっぱいのみんなといると笑いが絶えません。

連携するはしもと里山学校での活動に出掛けた日には芋掘りをしたり、柿をとったり、昆虫を捕まえたりしながら自然の中で思いっきり遊ぶ子どもたちは、都会のファクトリーで過ごすとき以上にアクティブで元気一杯です。里山近くにある支部、ブランチに帰っても、子どもたちのエネルギーは充分！「疲れる」ということを知らないのかもしれません（笑）。それでも実際身体は、疲れているわけで、帰ってからの食事で子どもたちはエネルギーチャージをします。毎回作ってくださる美味しい食事に子どもたちは「おかわりある？」と食欲旺盛な様子です。

「遊んで、食事をして、寝る、そしてまた遊ぶ」子どもたちのたくさんの「仕事」をたくさんの「楽しさ」を通して、子どもとおとなが共有しながら活動しています。

現在、私は京都市内の大学に通っており、顔を出す機会は多くはありません。しかしその分、子どもたちの小さな変化や成長を見つけていきたと思っています。

齋藤かおるさん・青い鳥

齋藤さんが勤める大学で話をして欲しいとお呼びいただき、それ以来、継続してご寄付をちょうだいしたり、忘れず応援のメッセージをくださったりと関わってくださっています。社会的に弱い立場に置かれている人の視点に立った言動に、いつも学ばせていただいています。そんなみなさんが開催される「きしわだ子ども食堂」さんは、毎回、大盛況です！

私たち「泉州精神障害者倶楽部・青い鳥&仲間たち」は、2017年1月から、毎月「きしわだ子ども食堂」を運営しています。子ども食堂という名を掲げていますが、実質的には、あらゆる年齢層の方々に向けた、無料の「コミュニティ食堂」です。子どもはもちろん、若者・高齢者・障害者・何らかの不安や困難をかかえていらっしゃる方々など、少ないときでも50人前後、多いときには100人近くの参加者をお迎えしています。食堂の開催場所は、市の福祉センターの調理室です。

駅から近く、賃借料もとても安く、調理器具や食器も備わり、食事も交流も可能な、気軽に参加しやすい場所です。料理は、基本的に、フードバンクから提供していただける余剰食材を活用しています。無理せず、調達できた食材の範囲で「暖かい食事」を整える工夫を続けています。また、地域の農家や商店との関係作りをコツコツ進めて、余剰食材を提供していただける機会を増やしています。

最近、私たちは、スタッフの多様性（それぞれ個性的であり、貧困や障害の当事者でもあること）を尊重配慮し合ってやってきた食堂運営が、運営成果のみならず、スタッフ自身の日々の喜びにもなってきたことを、実感しています。そして、そのように「相互性と協働」が実っていくものであることは、CPAOさんから学ばせていただいたことでもあります。

李 賢一さん
有限会社スクラム代表取締役
http://www.scrum2004.com/

２０１５年、場所をお借りしながら活動を展開する中、様々な問題が起こっていました。そこで自分たちの場所を持とうと考えていた矢先に、李さんよりご連絡をいただきました。現在の拠点、たつみファクトリーのスタートに多大なる貢献をいただき、現在も経営されるレストランへ子どもたちを招待くださったり、いつもお世話になっています。

私は生野区の長屋で生まれ育った昭和世代の在日コリアン3世です。戦前の朝鮮から海を越え出稼ぎに来た祖父、第2次大戦前後に多感な青春時代を過ごした父から教えられたのは、コリアンとしての誇りの矜持と立派な人間になれということでした。その私の故郷、生野区でCPAOの存在をネットの紹介サイトで知り、地域の再開発や高齢化の波に加え貧困問題も非常に憂慮される事態にあると認識しました。

社会的弱者の立場にある子ども達が安心して利用出来る拠点の確保や食事のケアなどで活動されているCPAOを訪問、実態を肌で感じその活動継続の一助になればと僅かではありますが支援させて頂きました。天国の祖父や父も少しは喜んでくれることでしょう。韓国に「富益富、貧益貧」という熟語がありますが、良くも悪しきも住みづらい世の中になりつつあるのかなと感じます。それは日本人のみならず既存の在日外国人、高齢化や少子化が進むにつれ増加するであろう外国人労働者やその子弟にも少なか

阪市内にある李さんが経営されるレストランに子どもたちもご招
いただきました。子どもたちは、たくさん食べて大満足していま
！

と思われます。

CPAOをはじめ様々な活動がもっと認知を得て、将来この様な活動をせずとも皆が安心した暮らしができるよう世の中が変化していくことを切に願い、今後も出来る範囲で支援を続けていければと思う次第です。

Nさん・子育て支援団体職員

いつも拠点まで元気に自転車でお越しくださいます。「こうこうこんなんでこんな子がいるんやけど、今度連れて行っていい？」、心優しい大阪のおかんといった存在で、地域の子どもたちを見守りサポートしてくださっています。

つなぐ・つながる・つなげる！どれも主体が違うけれど自分自身も今までをふり返るとつながらせてもらってたなと実感します。最近思うのは、〝まざる〟でいいんじゃないか？〝みっくす〟は、手はつないでいないけれど、周りに人がいて、混ざってぐるぐるしている間に自分の目が回ってたり。目が回っている人が側にいたり、知らぬ間にふと手を差しのべてたり、差しのべられたり…。案外世の中は捨てたもんじゃない、いつの世も。

生野にはお腹も心もいっぱいにしてくれるCPAOがいてくれています。身近なおとなたちがつながっていく姿を子どもたちが見てくれています。そんな姿を見て育つ子たちは、ちょっとしんどくなったら、「ちょっと手伝って」って言えるはず。逆の立場でも、「よっしゃ、かまへんよ」って受けとめてくれるはず。なので私たち地域のおとなたちはこれからもまざって、つながって安心できる環境をつくっていかなあかんと思います。

どんな個性、環境も大阪名物みっくすじゅーちゅ。先々は、○○食堂なんて門構えなく、普段の食卓レベルで特別感なく、小さなつながりがいっぱいできたら・・・なんて思います。「ごちそうないけど、おなかだけはいっぱいにして帰ってねー」って言ってくれた近所のおばちゃん、ちょっと昔はいっぱいいてましたから。私らにもできるはずです。ねっ、徳丸さん。

子どものこえ
「ほかのおとなよりましや、まだ信用できるわ」小５男子
＊その子と３年以上、ほぼ週３回一緒にごはんを食べたり遊んだりする中で、少しずつ関係性が変わってきています

小河光治さん・子どもの貧困対策センター
あすのば 代表理事
http://www.usnova.org/

何も貢献できていないのですが、小河さんにお声がけいただき、「あすのば」の評議員を務めています。子どもたちを真ん中に！という思いは同じ。現場と制度づくり、様々な方々、団体とつながりながら対策を講じていきたいと考えています。

いつもCPAOに関わっている母子の話をうかがうと、心がつぶれそうになります。幾重もの苦悩を抱えざるを得ない親子などにいつも寄り添い続けているCPAOの活動から、学ぶことばかり。そして、いつも大きな宿題をもらうばかり。

そういった親子の方々に少しでも「役に立つ制度ができた」と思っていただくことができ、ちょっとでも苦難が減ったと感じてもらえるような取り組みをしないといけない、そう思いながらCPAOのみなさんと関わらせていただいています。

5年にも渡るさまざまな活動に心からの敬意と共に、こうした課題が解消され、CPAOもあすのばも「めでたく解散」できる日を夢見ながら、これからも共に歩んでいければうれしいです！

2017年冬、あすのばの子ども会議にCPAOの高校生メンバーも参加しました。帰りには、初めての東京という子たちと原宿でクレープを食べました

子どものこえ
「おとななんて誰も信用してへんから、何も言わんし」
*ごはん会に始めてきた2年生のころ、「何年生？」とか「〇〇小学校？」とか聞くだけで厳しい目でにらめつけていました

徳武聡子さん
反貧困ネットワーク大阪事務局長
https://www.facebook.com/antipovertyosaka/・CPAO監事

活動を始める前からTwitterをフォローして学ばせていただいていた徳武さん。様々にお声かけいただき、ご一緒に活動させていただくようになり光栄に思っています。債務整理と言えば徳武さんだけでなく、他の司法書士さんにもおつなぎくださり、何人もの方々が経済的に少しずつ安定した生活を送られるようになりました！

私がCPAOに関わったのは、徳丸さんとSNSで知り合ったのがきっかけです。多重債務や生活保護、貧困問題の分野で活動していました。当時のSNSは、そういった、様々な分野で活動する人を結びつける役割も、果たしていたように思えます。大阪市生活保護問題全国調査団や、長居公園で開催した反貧困フェスタなど、一緒に取り組んでいただきました。

私自身はCPAOには、最初は天神橋筋商店街でのアウトリーチや、料理好きなので子ども食堂の開設当初の調理ボランティアとして参加していました。司法書士としてというより、子どもの貧困に対して、何かしたい、一つでも助けになりたい一個人としての参加でした。

次第に、それがシフトし、司法書士としても関わるようになります。CPAOに来られるお母さんはシングルマザーが多く、たいていは何かしらのトラブルを抱えておられます。その中で、私はお母さんが抱える借金整理の相談に乗ったりするようになりました。

個人としても、職業としても、何かしらの接点があって、関わっていくことができたのは、私にとっては嬉しいことでした。何か特別な立場や能力などなくてもいい、想いがあれば、いろんな方にCPAOや子ども

ソアー中にも、ごはんづくりにお越しくださいました

とってもお忙しい中、差し入れのケーキを子どもたちにとお持ちくださいました

友岡雅弥さん・社会活動家・元新聞記者
Diggin'CPAO編集長・CPAO理事

活動当初から継続して、陰になり日なたになりご協力いただいています。今回も撮影に編集にと大変お世話になりました。毎回子どもたちを喜ばせたい、感動させたいと心を込めておつくりいただくごはんを子どもたちはいつもおいしいとたくさん食べています。

徳丸さんとは、不思議なご縁で、CPAOが出来る前から、直接の面識はなかったものの、存在には影響されていました。国際NGOにおられたとき、徳丸さんを中心に、二つの報告書を出されました。貧困状態にいる日本の子どもたちの声を聴き取ったもの。東日本大震災の被災地の子どもたちの声を拾い集めたもの。その二つに表われる子どもたちの声は、生々しく、とても貴重なものでした。

CPAOも、シングルマザーさん100人に聴き取りを行うことから始められました。聴き取りは、1人何時間にも及ぶものでした。「徹して聴く」——その姿勢は、今も同じ。クリスマスや、遠足とかのイベントにしても、子どもたち一人ひとりに何をしたいかを丁寧に聴いて始めるのがCPAO流です。ごく初期から関わり、今は、木曜日に料理も作らせていただいています。

この間、目まぐるしいほどの活動の変化がありましたが、その「目まぐるしい変化」は、「不変な姿勢」の表われだと思います。「何をすればいいか、それは当事者が一番知っている」当事者の視点に立ったとき、活動に違和感はないか。違和感があれば、どうしてそれを無くすのか。この1点だけを見据えてきたおかげで、CPAOは活動を継続できたと思います。

「私も何かしてみたい」と思われるかたも多いかと思います。ぶれず、継続できる「秘訣」として、きっと参考になると思います。

週に1度はお越しくださり、子どもたちに腕をふるってくださいます

おとなつり部!? の友岡さん。いつも子どもたちに優しく教えてくださいます

子どものこえ　「おれ、CPAOおったら、平和やー！」＊いつも学校や地域、家でも暴力をふるってしまう小4の子。お泊まり会の寝る前に言った言葉です。子どもたちは、ただ食べて・遊んで・寝るただけでおだやかになっていきます

藤岡俊夫さん・飛鳥食品株式会社

地域の企業家の藤岡さん。知ってしまったら、ほっとかれへん。自分で出来ることなら、「よっしゃ！」といつも助けていただいています。

「子どもの貧困」。この言葉に頭を殴られた程のショックを受けたのは、ある学習会でした。

思いもよらない子どもたちの貧困の実態を聞き、徳丸さんたちの活動を知りました。そして、活動拠点が私の会社のすぐ近くだと知り、いても立っても居られなくなりました。私の会社は中央卸売市場の仲卸の会社です。食品を扱う会社として「何か役に立つことができるのでは？」「子どもたちに喜んでもらいたい」「何かしなければ」その思いでCPAOの拠点を訪問しました。しかし、一人で出来ることは知れています。私のこの思いに共感してくれる「仲間」を市場の中に増やそうと東部水産物卸協同組合や水産物卸青年会にも働きかけ、次第に共感してくれる「仲間」が増えていきました。昨年夏には、「青年会」の協力を得てイベントとして、「いわしの手開き」を一緒にしたり、調理したお魚を美味しく食べて遊ぶ中で、子どもたちとの垣根もグッと低くなったと感じています。また、クリスマスや年末年始の食材の提供もさせて頂きました。

子どもたちの環境も条件や私たちサポートする側の条件も思いもいろいろです。「まずは、ごはん！」「子どもたちが主人公の社会に」の思いでつながる「仲間」として無理せず出来ることから始めて行けばいいのではないでしょうか？「善意」が出発点になっても「善意」だけで続けていくことは大変です。子どもたちやその親が、何故このような状態に置かれているのか、考え学びながら「仲間」を増やしていくことが大事だと思います。

子どもたちの笑顔に励まされ、これからも「仲間」と共に続けて行きたいと思っています。

夏休み拠点たつみファクトリーに出張いただき、いわしの手開きの仕方を子どもたちは教わりました

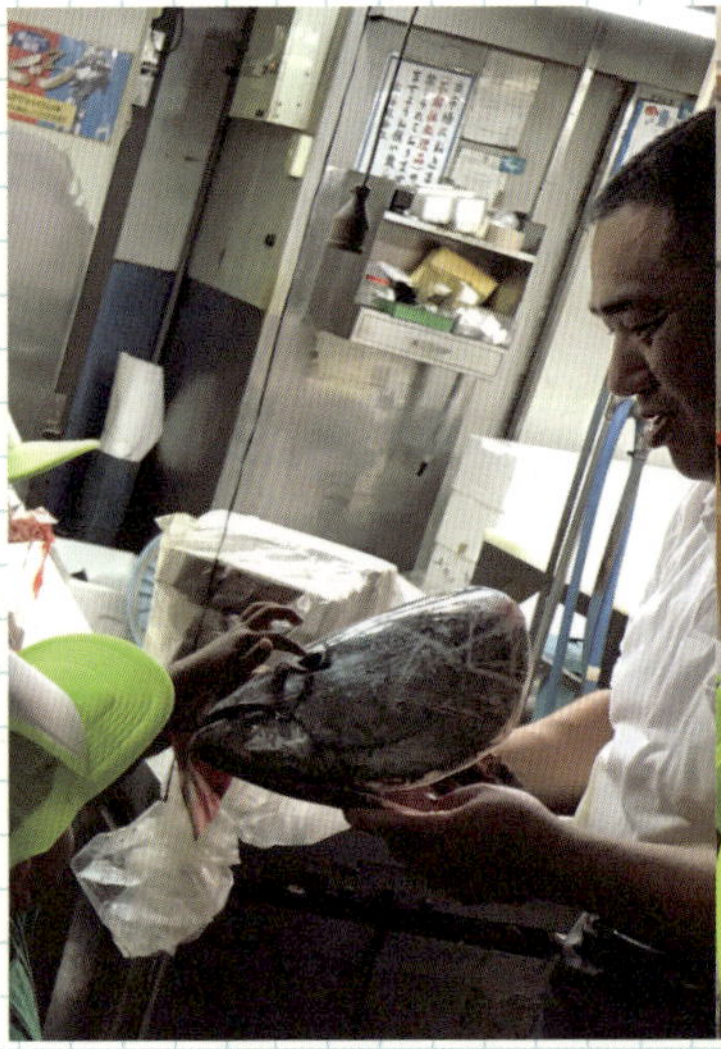

夏休みに市場の見学に子どもたちをご招待いただきました

西村洋三さん・宅幼老所あでらんて代表
http://afpev320.wixsite.com/adelante2007

団体立ちあげすぐから、勉強会の会場をお借りしたり、今では子どもたちの送迎をお願いしたりといつもお世話になっています。ご自身でもたくさんの事業をされており、さらに地域の子どもから高齢者の方のことまで幅広く様々なネットワークもお持ちの西村さん。地域のことで何かあればすぐに相談にのってくださり、一緒に動いてくださり、いつも感謝しています。

「CPAOさんとは、難波で開かれた、立ち上げの会からのお付き合いになります。それ以来出来る範囲で、ささやかなお手伝いをさせて頂いています。例えば、夏の海水浴の送迎や、除夜の鐘を撞きに行く時の送迎などもありました。現在は週に一度、火曜日のファクトリーに来る子ども達の車での送り迎えです。

　これから何か始められる方には、無理をされず、出来る範囲で細く長くされるのも一つではないかと思います。

　それぞれのこども達にはそれぞれ様々な背景があるはずなので、その辺は徳丸さん達にお任せして、私達は顔見知りの近所のおっちゃん、おばちゃんの一人で良いんじゃないかと思いながら関わっています。

とてもお忙しい西村さんですが、週に１度、子どもたちの送迎を担当してくださっています

宗像なつきさん・お宿桜子
https://oyadosakurakolimaperu.jimdo.com/

南米Peru/Limaでも子どもたちのサポートをされておられます。子どもたちに違いはないとCPAOにも食材を長年お送りいただいています。

２０１５年５月６月頃、ＮＨＫワールドの特集で目にした日本の子どもの６人に１人は貧困、またCPAOの活動を通して紹介された、様々な理由で学校の給食が頼りの子どもたちがいるという衝撃的なニュース。すぐに子どもたちに食材を届けたいと思い、「まずは、ごはん！」に共感し、年に数回食材をお届けしております。スタッフの方においしく料理していただき（感謝）、子どもたちのお腹が満たされていることを想像しております。

　何から始めたらいいのかと悩んでいる方は、まずは近くの団体に食材を届けることをおすすめいたします。

直接お手伝い参加できないことは残念ですが、子どもたちのお腹が満たされるお手伝いを続けていきたいと思います。

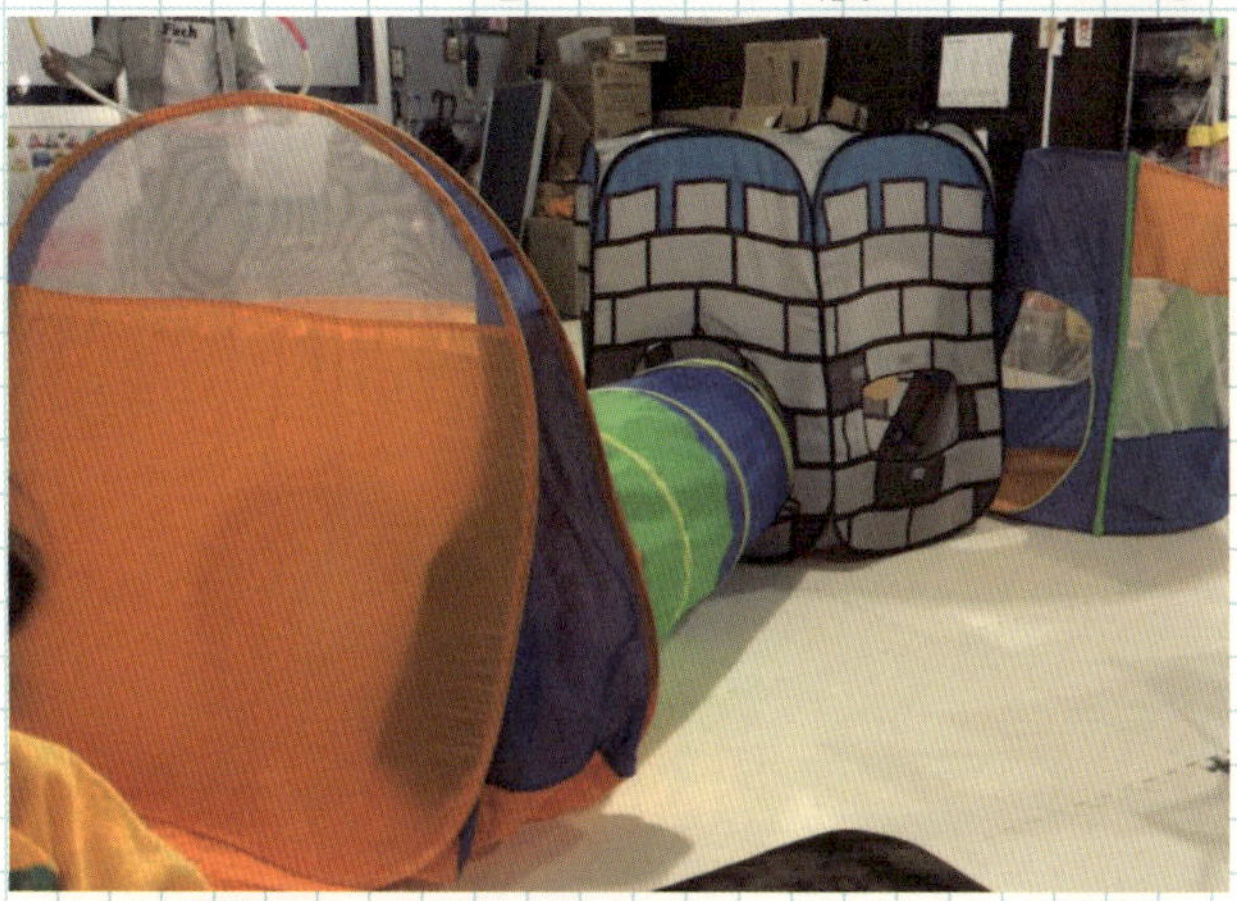

いつもは食糧を送ってくださるのですが、子どもたちが部屋のなかでも遊べるようにと、おもちゃのテントを送ってくださいました。狭い空間が好きな子どもたちは大喜びです

加美嘉史さん
佛教大学社会福祉学部教授

　大阪の釜ヶ崎でも活動されていた加美先生。しんどい状況に置かれている方々へのまなざしはやさしく、経験と知識に基づくするどい分析、アドバイスにいつも助けられています。

CPAOの徳丸さんとは、2013年に知人の紹介で知り合いました。CPAOの特徴は日常的な相談支援とともに調査、政策提言を活動の柱に据えていることにあります。現実に立脚したソーシャル・アクションの重要性を意識されており、「行政の下請」になりがちな民間支援の現状に新たなインパクトをもたらす可能性を内包していると考えます。

　そして現在、徳丸さんらの「生野子育ち社会化研究会」に参加させてもらっています。いま、「子ども食堂」が全国各地に立ち上がり、地域・民間の心ある人びとを中心に地域で子どもの貧困や孤立化への取組みも広がっています。しかし、一方で生活保護引き下げなど社会保障・社会福祉全体のベクトルは縮小・削減の方向に重点が置かれ、その矛盾を家族と地域の助け合いで埋めようとする形で「地域丸投げ」といえる政策が進められています

　「自立」と家族責任を強調する社会は「助けて」という声をかき消していきます。現実に深刻な生活困窮を抱える貧困層ほど地域の子ども食堂や学習支援には行けず、拒否することが指摘されています。これらの層に支援が届かない背景には支援者らが今日の社会が求める自立観や家族像を当事者に求め、枠にあてはめようとする問題があると考えます。

　「助けて」という声を出せない人々は常に私たちの視界の外、見えないところに置かれているという現実。しかし、見えないところに置かれた人が自らの声をあげられる社会をつくり、次の世代へと引き継いでいくことは私たちの責任でもあります。これまでの自立観、家族規範を問い直し、あたりまえに「助けて」といえ

身は直接現場で関わることはできませんが、CPAOや研究会の皆さんと一緒に考え、自分の立場から発信していきたいと考えています。

隅田耕史さん
特定非営利活動法人フェリスモンテ事務局長　http://www.otasha.jp/・CPAO理事

　「僕でいいんであれば」といつも何かと快く引き受けてくださる隅田さん。現在では主にNPOの運営についてアドバイスいただくため、CPAOの理事となっていただいています。大阪市旭区で週1回、子どもたちも一緒にごはんを食べる会を開催されています。

　「生野子育ち研究会」では、気になる子や家庭をどうサポートできるのか、近所のおばちゃんにできることを探して実践することで役立てたらと思っています。これから子ども食堂を始めようという方へ。なぜ始めたのか自分に問い直す時は何度かあります。何かあったらどうするのという声に惑わされますが、心配しなくても子どもたちが助けてくれます

　CPAOが「こどもたちのごはん会を無料で実施していく」という。2014年の夏ごろ、地域のNPO法人が中心となって呼びかけた「生野区の空地・空家を利用した食と農のプロジェクトをすすめる会」の定例会でのことでした。私は、料金をもらわなければ継続できないと思いました。しかし、「無料でないと、そのときにお金を持って来ることのできないこどもや家庭が参加できない」という。

　結果、私の思い込みとは別次元で、活動回数も増え、ボランティアやスタッフも定着され、活動内容も深化されています。CPAOの徳丸さんの強いおもいや懸命な活動と、それが多くの方々に伝わり、様々な応援や、触発された人たちの力強いはたらきによるものだと思います。

　ただ、活動の経済的基盤としては不安定です。徳丸

けではなく、個人や家庭だけの問題だけでもなく、社会的な課題として社会全体で取り組むことが必要だということを掲げていました。2015年には、こどもたちの実態や課題を可視化するためにアンケート調査を行うことになり、そこから、私自身のCPAOの活動への関わりも増えていきました。

調査を通じて、実践的研究から政策提言へとつなげていく「生野子育ち社会化研究会」が2016年に立ち上がりました。徳丸さんは、よく「枠を超える」という表現をされますが、研究会での議論の中で、私自身も触発され、自分にできることは何なのか、いつも問い直されているように思います。それぞれが触発され合い、みんなで知恵を出し合い、動き出す場が生まれていると思います。

2017 年に行った生野子育ち社会化研究会@大阪教育大学天王寺キャンパスでのシンポジウムの様子。

津守佳代子さん・ピンポン食堂
https://www.facebook.com/pingpong26/

講演終わりに「車で駅まで送っていきます」と声をかけられたのが津守さんでした。見るからに人柄のよさそうな方で、「やってみたらどうですか?」とお伝えした方のおひとりです。現在ではCPAOのごはんづくりに協力くださったり、ピンポン食堂とイベントを共同開催したり、「生野子育ち社会化研究会」もご一緒くださっています。

私がCPAOを知ったのは、近所の子どもが虐待の疑いで一時保護されていた時期でした。自分はその子に何ができたのか考えていた時、徳丸さんの講演会を聞く機会があり「まずは、ごはん!」という言葉にぱっと道が開けた気がしました。2016年2月、大阪市東住吉区で月2回のごはん会からスタート。

集まるのは親の帰りが遅い子どもが主でしたが、2年の活動の間に学校に行けていない子や、親だけで抱えるにはしんどいかなと思う子も来るようになりました。子どもが迷惑かけるから行かせませんと言っていたお母さんが頼ってくれるようになったり、「来たってる、食べたってる」という態度だった子とじっくり話ができるようになったり、必要とされているという実感があります。支援ではなく「お互い様」の関係で、私自身も助けられながらの活動です。ある子が「ありがとうサイコー」と黒板の裏に書いてくれていたのがうれしくて、続けていけています。

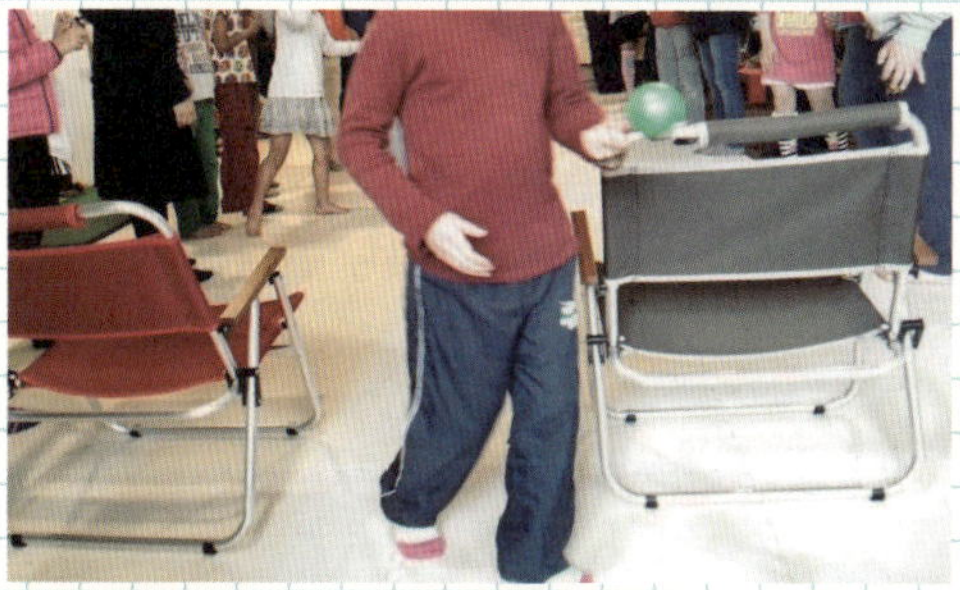
ピンポン食堂の子どもたちと合同でイベントを楽しんでいます。

第四章　ともにいきる　対談

刀川和也
土屋春代
杉山春

「夢とかそんなこと考えたことないです。考えてもムダやから」

私たちのもとには、毎日のようにSOSの声が全国から届きます。また目のまえの子どもたちや保護者、スタッフ、ボランティアの方々にも、できるだけ半年に一度は、定期的に話を聞かせてもらうようにしています。みなさんに最後、「今、何の制約もなく、自由だとしたら、何がしたいですか？」といったことを聞くと、子どもたちも年齢が高くなるほど、すぐには出てきません。またしんどい状況にある方ほど、したいこと、夢や希望を持っていないどころか、自分の好きなことすらわからない、忘れてしまった、考えてもムダだとあきらめてしまっているといったことも少なくありません。

そんな時、私には、たくさんの方から聞いた夢やニーズが頭の中にたくさんあります。そこから、「あんなことをしたい、こんなこともしたい。やり始めている」ということをどんどん伝えていくと、「私も実は、昔、それやりたかったんです」、「そんなことが本当にできたらいいですね！」とその方の表情が明るく変わり、「そのために今の問題を一つずつ、一緒に何とかしませんか？」という話になり、前に進めるチカラになっていったという経験や、そのみんなの夢や希望をできるところから叶えていくことで、活動自体が展開していった原動力ともなっています。

希望を語る

私たちは子どもたちの「今」をサポートすることに尽力していますが、その「今」を生きるためにも希望が必要です。ですが、現場にばかりいると近視眼的になりがち、そんな時に、会ってお話をしたくなる方々がいます。今回はその中でもCPAOの活動に初期から関わり、見守り続けてくださる、尊敬し、信頼する3人の方々と、現在進行形の、走りながら考え続ける先、未来に向けた、希望の話をしてみたくて、対談の機会をいただきました。

不安な社会を乗り越えるために

お一人目は、刀川和也（たちかわかずや）さんです。私たちは「カントク」と読んでいますが、お母さん方の中には、「野球の監督」と思っていたりする方もいました。それほど気さくで、カメラを回しながら、人手が足りなければ、撮影は置いて、手助けしていただいたことも数知れません。カントクとはこれまで、どれだけの時間、たくさんの話をさせてもらったのか、聞いていただいたのか分かりません。活動の記録を撮ってくださっていますが、映画になるのかもわからない、そんな中、ずっと活動を見守り、子どもたちにもエールを送り続けてくださっています。今回は、支援・サポートのあり方や加害者性についてお話させていただきました。

自由に活動を継続するために

お二人目は、土屋春代（つちやはるよ）さんです。以前の居場所にお越しくださってから、約4年。それ以来、目の前のことに追われてばかりで、なかなかお会いできずにいましたが、ずっと「モノ」を通じて心をお届けくださり、つながり続けてくださっています。そして活動も5年を迎え、日々、答えのない中、活動を続ける中で、「もっと実験的なことをフットワーク軽いまま自由に継続していきたい。そのための財政基盤をどう整えていけるのか？」ということを考えるようになりました。そんな時に、思い浮かんだのが土屋さんでした。福祉とビジネスの両輪を続けることの大切さ、そのポイントをお聞きすることができました。

自由に楽しく生きるために

最後三人目は、杉山春（すぎやまはる）さんです。子どもの問題には関わってきましたが、虐待や貧困という問題に自身が関わるきっかけになった事件、２０１０年大阪市西区で起きた2児放置死事件が杉山さんとの出会いの原点です。２０１４年の2月に行ったＣＰＡＯのイベントで講演をお願いして以来、度々、大阪で東京でとお話する機会をいただいてきました。いつも活動をおもしろがり、見守ってくださっています。グローバル化が進む、世界の中での日本社会の在り方。「おとなはどう夢や希望を子どもたちに与えられるのか？」、そんなお話をさせていただきました。

対談　刀川和也さん

タチカワ・カズヤ
アジアプレス・インターナショナル所属。
2011年、延べ8年に渡る撮影を経て、映画「隣る人」を完成。2012年5月より劇場公開。その後、自主上映活動を地道に展開、約400ヶ所、観客数7万人を動員（2018年6月現在）。「隣る人」で第9回文化庁映画賞・文化記録映画部門大賞、第37回日本カトリック映画賞を受賞。

＊子どもが撮った写真です。

誰も「追いつめない社会」をつくろう

【CPAOとの出会い】

徳丸　〝カントク〟がCPAOに関わってくださり、もう4年以上が経ちましたね。

刀川　偶然にも「隣る人」を介しての出会いでしたね。「隣る人」とは、僕が監督として製作した、埼玉県にある児童養護施設「光の子どもの家」を舞台にしたドキュメンタリー映画です。この映画を抜きにしてCPAOのことも話せないので、そこから始めましょう。「隣る人」の製作過程でずっと心に引っかかっていたのは、「家族ってなんだろう」ということでした。

徳丸　「家族」や「家庭」を失った子どもたちに家庭的なものをできるだけ提供しようとされている、これまで一般の人たちが知ることはなかった貴重な現場のお話でした。

刀川　映画の完成までに8年ほどの時間を要しました。そのなかで思ったことは家族というものは「血のつながりだけじゃない」ということでした。児童養護施設「光の子どもの家」には、血のつながりのない人たちが共に暮らしている。「血縁」というものが頼りにならない中で、「人間関係」がつくられる。ケンカして、仲直りしながら時間をかけて関係が紡がれていく。その営みから実感したことは、「血縁」ではない「他人」が、「親子」や「兄弟姉妹」にはなり得ないとしても、お互いにとって「かけがえのない存在」にはなれるっていうことでした。

徳丸　それは、映画を観て、よく伝わりました。

刀川　相手に心を寄せ、また寄せられたり、相手を傷つけ、また傷つけられたり、暮らしのなかでお互いに許しあい関係が紡がれていく。その営みこそが「人間が人間になっていく」過程ではないか。人にとって、とても大切なことじゃないか、と。それを映画にして、観てもらうなかで、普段、児童養護施設といった社会的養護といわれるものとは一切関わりを持たないような人たちが、家族というものをこの映画を通して自分に照り返して考えてくださったんです。自分とはかけ離れた遠い世界の話ではなく、子どもであった自分、あるいは親である自分といった眼差しで「隣る人」を観ながら、自らが生きてきた家族、いま生きている家族が照り返されていったんだと思います。

徳丸　私もその1人ですし、活動をする中で、「他人にもできることがある」と救われた映画でもありました。

刀川　上映活動もひと段落ついて次どうするかなって時に、徳丸さんが出たNHKの番組を見て、しかも、その当時CPAOが、たまたま僕の住んでいる場所の近所で勉強会をしていることを知って、もう1回動き出してみようかなって。時代も「子どもの貧困」ということが言われるようになっていて、CPAOは、そのなかで行動を起こした「はしり」っていう感じで。それで、勉強会に行ってみたんです。すると徳丸さんも兼松さん（副代表）も「隣る人」を観たことがあるっていうことで、つながっていった。

【変わらないスタンス】

刀川　いろんなことがありましたよね。

徳丸　すいません！　落ち着きがなくて（笑い）。とにかく、目の前のことを何とかしようとしていたらこんな感じになっていまして。

刀川　最初は拠点もなく、『「助けて！」って言ってもええねんで』というカードを、路上で手配りするっていうところから始まった。その後、居場所をつくり、子どもたちがやってきて、子どもたちの必要とするものにどう対処していくかっていう流れで、ずっと継続している。そういう活動と、突然の「SOS」も受ける活動との両方をやっているというのが、今の状態ですよね。

徳丸　両方は確かに、特に時間的に難しいこともあるけれど、困ったときはお互いさま、できることがあればと思い続けています。

刀川　僕がCPAOに来てしまうっていうのは、「ずっと変わってないものがある」からだと思います。それは「出会った人たちに対してあきらめない」「出会った人が必要なことを考え続ける」っていうスタンス。スタッフも少ないし、資金だって限られたなかだけど、最大限にできることを、やり続けている。

徳丸　できることって少なくって、申し訳ないなって思うことばかりですけどね。

刀川　姿勢は変わっていないですよね。

徳丸　できてるとは到底、言えないですが、気持ちは変わってないですね。

刀川　児童養護施設でも、またCPAOでも、そこで起こっていることは、その人たちだけの問題じゃなく、今の社会が抱えている問題が「凝縮されている」と思います。

徳丸　はい、つながっている、地続きだと感じますね。

刀川　「光の子どもの家」は、家族が抱えたいろんな「もつれ」が「果てた」先に、子どもたちがやってくる場所です。子どもたちの保護者の方々との関わりも含まれますが、基本的にはその子どもたちと向き合えばいい。でもCPAOは、複雑な「もつれ」がからみあっている最中に、そのなかに飛び込んでいくようなものですから。

徳丸　これからも、その「もつれ」はどうなっていくかが、分からない。どんどん複雑になり、どこから手を着ければよいのか分からない方々もおられます。

【制度からこぼれ落ちる子たちへ】

徳丸　子どもたちは「措置」されてくるわけではありません。私たちには何の権限もなく、子ども、また家庭との関係も、「制度」として確立したものでもなく、いわば「脆弱」なんですよね。「いつ、切れてしまうかわからない」という不安が常にあります。だから1回1回の共に過ごす時間を大切にしたいと思いながら関わっています。

刀川　「制度」ではなく「人間関係」だけで成り立っている。

徳丸　だから、活動は常に不安定だとも言えます。でも逆に「自由」だとも思っていて、「施設」や「制度」では、こぼれ落ちてしまうものがあります。ですが私たちは、年齢や地域や専門領域といった様々な「枠」もこえて関わり続けることができるとも思っています。

刀川　自分たちのかたちを早々と決めてしまえば楽になることもあると思いますが、目の前に立ち現われた人たちが抱える問題を少しでも受けとめていこうとすると、自分たちがかたちを必要なことに合わせて変えていくしかない。

徳丸　枠と枠の間に落ちてしまっている人たちを「枠」だけで、サポートできないと現場で痛切に思うんですよね。

刀川　出会い、知ってしまったからには放っておくことはできない。でも、何が必要なことなのか、正しいことかなんて確かなことはわからない。その人たちのまわりを様子を伺いながらうろうろとして、手を差しのべたり、1歩引いて見守ったりしている、といった感じでしょうか。

徳丸　答えなんかないですよね。その時その時に、一緒に考えて、専門家や心ある人もできうる限り関わってもらって、選択肢を提示して、その方が選んだことやニーズを全力でサポートする。間違うこともある、でもその時はまた共に考えて…、と一緒に乗り越えていくしかないと思ってやっています。さらにそれは他の問題ともつながる、普遍的な話だとも思っています。

刀川　どうしてわたしたちはこんなにもバラバラになってしまったんだろう。今の社会から感じてしまう何か、寄る辺なさからくる不安とか、閉塞感だとか、戦争をにおわせる「きなくささ」。ヘイト・スピーチに見られる憎悪や差別、そして分断。誰しもが肌身に感じていると思うんだけど、静観している。いじめの構図のような、そんな社会の構図。

徳丸　そこに自分も加担しているんじゃないかってことで、自分のこともいやになったり。

刀川　だから徳丸さんも、何か始めようってなったんだと思うんです。

徳丸　そうですね。そこでお聞きしてみたいのが、カントクが最近、海外に行かれるのは、これら国内の問題と地続きと考えておられるからじゃないかと思っているんですが、その辺りのこともお話いただけますか？

【戦争と虐待に共通するもの】

刀川　日本だけでなく、日々、報道される世界のニュースからも感じる暴力への不安といいましょうか。憎悪と差別から生まれる分断。それを煽るような短絡した政治家の言葉。頻発するテロ。世界は戦争に向かっているのではという漠然とした不安感があります。戦争は絶対にいやだ、と思っていますが、その不安の源は何なんだろうって。戦争は最大の暴力だと思います。その最大の暴力をできるだけ自分がいま生きている日常とつなげて考えてみたい、または、その逆で、日常のなかの暴力から戦争の暴力までをつなげて考えてみたいと暗中模索しているところなんです。

　最近ですが、フィリピンに行ってきました。第2次世界大戦中に旧日本軍によって引き起こされたフィリピンでの虐殺事件の目撃者や生存者にお会いするためです。そんなに遠くない過去、わたしの祖父世代の日本人が行った残虐な行為を自分の目と耳で確認して、たどりなおしたいと思ったのです。戦争末期、追いつめられた旧日本軍は戦闘に邪魔になったフィリピン人たちを敵対するゲリラとみなし、一人ひとりを銃剣で突き刺して、そのまま井戸に突き落として殺したというのです。その井戸は、コンクリートで蓋をしただけの状態で今もまだ残っていました。どうして人はそこまで残酷なことができるのか。まさに、想像を絶しているのです。今回はある団体のスタディーツアーに参加したのですが、その団体はフィリピンで戦った元日本兵の証言も集めています。

徳丸 加害者の方の証言ですよね。

刀川 そうです。戦後、様々な複雑な思いを抱えながら生きてこられたということも知りました。話をすることによって、ずっとひとり心に留めていた記憶の苦しみから解放されるといわれた方もいたそうです。一方で、自らの加害行為を否定も肯定もできず、「殺すか殺されるかの極限状態での精神状態は経験したことがないものにはわからないと思う」と。「どうせ死ぬんだから投げやりの精神状態だった」とも。また「上官の命令は天皇の命令、だから逆らえない。逆らえば処刑される。どうすることもできなかったんだ」と。

徳丸 でも、殺された被害者側が、それを受け入れることは難しいですよね。

刀川 どうしてそんなことまでができるんだって愕然とするだけで、今の時代からみると想像が及ばないです。自分も同じ状況に置かれたら、想像できないような残虐な行為をやってしまうのではないか、それを考えると吐き気がするほど胸が苦しくなってきます。

ごはんの後に子どもたちと遊ぶカントク。
いつもカントクは「抱っこして、おんぶして」とやむことなのない子どもたちのリクエストに優しく応え続けてくださいます

徳丸 でも知っておくことが大事ですよね。このまま進めば、どういう状態になってしまうかっていうことを想像できるのか、できないのかが、とても大きいように思います。「極限状態では自分もするかも」と、自分のことに「リアル」が引き寄せられれば。

刀川 日本ではヘイト・スピーチが絶えません。言葉の暴力だけでなく、実際に暴力行為まで及んでしまう人たちが出てきました。どうして、こんなにも聞くに堪えない、見るにも堪えない暴力が生まれてくるのか。相手を貶め抑圧し、自分が優位に立つといった支配欲は、DV、子どもたちへの虐待のことにもつながってみえてきませんか。まだ、うまく言葉にできませんが、暴力が生み出される根元といったらいいでしょうか、わたしたちの日常にも潜む「極限状態」を、少しでも自分のこととして想像してみようとすることが大事ではないかと。

徳丸 人は「追いつめられたら」何でもしてしまう。やはりいろんなことが地続きにつながっているように思います。

刀川 DVや虐待をやってしまうほど人びとが追い込まれているのはなぜか？

徳丸 追い込んでいるのは誰なのか？ 何なのか？

刀川 人間は素晴しいこともするけれど、残酷なこともする。その人間が善人か悪人かということが問題ではなくて、自分も、誰しもが、追い込まれたらなんだってやってしまうかもしれない、ということ。家族という集団の中でも戦争状態の中でも、人間集団の中で閉じ込められ、追いつめられていくことが一番こわい。

【「自分ごと」として】

徳丸 子どもの虐待も親が家の中で、孤立する中で、追いつめられ起きていたりします。私もある意味、「当事者」で、活動を始めたのは、もうこれ以上精神的に追い詰められたら、子どもに何をしてしまうかわからないっていう大きな不安があった。だから、追い詰められないようにするにはどうすればよいかと、必死で考え、子どもを犠牲にしたくない、自分も加害者になりたくない！　これは、自分だけで背負うのではなく、「社会に開こう」って思ったんですね。そのことは忘れられません。ただ「善意で子どもたちを救いたい」というだけで、ここまでやってきたんじゃないです。「他人ごと」ではない、あくまで、「自分ごと」だったんですね。最近は「絶対、自分はそんなことしない」って断言する人のことが怖かったりします。

刀川　虐待や戦争が「他人ごと」になってしまう。

徳丸　私とは違う、「特別な怪物」が起こすという…。ハンナ・アーレントがいう「凡庸な悪」、アイヒマンの話とかは本当に恐ろしいんですよね。

動の記録を撮ってくださるカントク。
どもたち、私たちスタッフをいつもエールの気持ちで見守ってくださっています

刀川　平凡で模範的官吏の日常の延長に、あのユダヤ人の大量虐殺があった。こうして話してみると、戦争についても、ヘイト・スピーチにしても、虐待についても、根元でわたしたちを不安にさせる何かが通底している気がしてきます。

徳丸　世界は不安だらけ、それがリアルだと思うんですね。私は自宅にひきこもる若者支援の現場にもいましたが、若い人の中には社会の不安を私なんかよりも、もっと敏感に感じている人たちがいて、1人、部屋の中でそれらと「闘っている」ようにも見えました。「だって、人間とか社会って恐ろしいじゃないですか、だから僕は家から出ないんです」って言った方がいて、私はそれって「至極、真っ当だな」って思いました。

刀川　そう考えたら、簡単な話じゃないですよね。

徳丸　そうですね。でも考えているだけじゃ、あかん。自分も、子どももいるし、生きていかないといけない。でも1人では難しい、「だから心ある人とつながって地道に続けるしかない」——これは「隣る人」の企画をされ、いつも私たちのことを応援してくださる、稲塚（由美子）さんがおっしゃってくださった言葉です。これに尽きるなと思いながら、いつも目の前と対峙しています。

刀川　あらゆる現場には、それぞれの場所でいろんな人たちが、小さくてもなんとか社会を変えようと、人知れず、さまざまなことをやっています。そういった人たちに出会うと夢や希望も湧いてきます。ＣＰＡＯも、その代表です。

徳丸　ありがとうございます。簡単で分かりやすい問題であれば誰も困らないんですよね。複雑なものは複雑なままに引き受けながらやっていきたいと思います。これからも活動を見守り、時々考えや思いを共有させてくださるとうれしいです。

刀川　こちらこそ、いろんなことを共有したいです。よろしくお願いします。

対談　土屋春代さん

ツチヤ・ハルヨ
フェアトレード団体 ネパリ・バザーロ 代表
30代の時に、日本人男性と結婚したネパール人女性と出会ったことをきっかけに、「ネパールに学校をつくる会」現、「特定非営利活動法人ベルダレルネーヨ」を開始。休暇にネパールへ通い、１９９２年８月に勤めていた会社を退職して有限会社ネパリ・バザーロを設立。

まずは人――豊かな関係を育てる

【ネパリ・バザーロの今まで】

徳丸　支援者のみなさまから送っていただく「お心寄せ」のなかに、ネパリ・バザーロさんの通販商品も多くありまして。その小包一つひとつに、スタッフのみなさんからのあたたかいメッセージとか、かわいい雑貨のプレゼントとかも入っていて。ネパリさんは「商品」ではなくて、「心」を届けていらっしゃるんだなっていつもありがたく思っています。そんな、ネパリ・バザーロを土屋さんがなぜ、立ち上げられたのか、とても興味があります。教えていただけますでしょうか。

土屋　まず、最初、私はネパールの子どもたちの教育支援をしようと思ったんです。でも、現地でいろいろと見たところ、いくら学校を作ったところで、長続きしていないという現状があったんです。「学校を作りました！」で終わりではなくて、地域に仕事づくりをしなければならない。親に仕事があるということが、まず大前提だということが分かったんです。　１９９２年に、有限会社ネパリ・バザーロを創業したんですが、それまでは、生活は会社でＯＬ、そして休みの日とかにボランティアと最初は考えていたんです。でも、それだと続かない。ネパールに行けるのが、ゴールデンウィークとか。

徳丸　なるほど。年に何度もいけないですよね。

土屋　そうそう。「みんな休みの時」は、航空券も高いし。

徳丸　それで、ネパリ・バザーロを設立されたんですね。

土屋　そうです。それでネパールの人の自立、自分もそれで仕事ができる、そして、好きなときに行けると、「一石三鳥」だと思ったわけです。でも、「フェアトレード」の「大先輩」に意見を聴きに行ったら、「ネパールは難しい、君には無理だ」とか言われて。家族にも反対されるし。実際、会社辞めて、始めてみると、たいへん。

徳丸　みんなの言う通りだった。

土屋　そう、「素直にみんなのいうことを聴いていたらよかった」とか思いましたけどね。

【同志になれば強い】

徳丸　一番大変だったのは、どういう点ですか。

土屋　文化や習慣が違いますでしょう。日本は「ものの品質」に、おそらく世界で最もこだわりがある国でしょうね。「商品は完璧でなければいけない。一つのミスも許されない」という国民性ですよね。それで、ネパールの生産者にお客様の要望を言い続けると、空気が固まっていく。「あなたはどうしてそんなにうるさいの、アメリカ人はそんなこと言わないよ」って。

徳丸　確かに、それはその通りかもですね。けれど、商品を売るマーケットは日本だから。間に立って、さぞご苦労されたんでしょうね。

土屋　自分も行くのがつらくなる。最悪の数年間は、行き帰りの飛行機で、「この飛行機が墜ちたら、楽になる」とばかり考えていました。

徳丸　そこまで悩まれたんですね。

土屋　どん底を経験して、決めたんです。

徳丸　おっと、それはぜひお聴きしたい。

土屋　言いたいことが十あったら、そのうち九つは我慢しよう。そしたら、だんだん和らいでくる。家族的なおつきあいになる。家族の一員みたいになって来ました。最後は「春代のために」と思うようになってくれた。確かに、経済的には貧しいかもしれないけど、人としての尊厳は同じ。それを突然行って、「あなたの作っているものはダメ」なんていったらだめですよね。

徳丸　私たちも同じですね。関わるシングルマザーの方の中にも、最初、支援されるばかりで申し訳ないとおっしゃっていたような方々が、今では、信頼できる仲間となってくださっていたりします。

土屋　「誰かのために」と思ったとき、人は強くなるのよね。それで、品質がどんどんあがってきた。

徳丸　なるほど。でも、なぜ、投げ出されなかったんでしょうか。

土屋　家族を巻き込んでいたから。

徳丸　それは、大変！

土屋　だから無責任に「やめた！」と言えないですよ。そのつらい時期が、ネパリ26年のうち、10年ほどあったかなぁ。

徳丸　10年！　うちはまだ、5年なんですけど。

土屋　じゃあ、まだまだ。道なき道が続きますよー。

徳丸　不思議です。壮絶なお話ですが、なんだか勇気と希望が湧いてきます。

土屋　ありがとうございます。そう言っていただけると、続けてきてよかったなぁと思いますね。しつこい性格だから、「ネパリ・バザーロ」ではなく、「粘りバザーロ」って呼ばれています。でも、軌道にのったとき、こんないいお仕事はないと思いますよ。ただ「物を売る」のではなく、「人とつながる」。生産者の方やお客様との関係も、もう「同志」みたいです。

徳丸　「底」まで落ちて、乗り越えてきた喜び、そこで得た人とのつながり。実感としてよく分かります。

【東北で仕事を作る】

徳丸　ネパールのことをされながらも、今、東北、沖縄と国内のことにも、たずさわられていますね。

土屋　3・11の大震災が起きた時、たまたま、ネパリのスタッフの1人が釜石の出身で、行って見て分かったんですが、家の玄関によその家が流れ着いた状態で、すさまじかったんです。物資を調えて行ったんですが、現地を見たら、1回や2回行ったぐらいではどうしようもない。ずっと関わらねばならない。それで行って帰ってきたら、すぐ次の仕度をしてまた行くという繰り返しでした。

徳丸　緊急支援を続けられて、それからさらに「仕事づくり」に発展していかれたんですね。

土屋　まず、障がい者施設の支援をしようということになったんですね。陸前高田です。高田自体には全国からいろんな支援が来るんだけど、そこは放っておかれたんです。それで、そこの利用者さんたちが作ったものを販売するお手伝いをしようということになったんです。雑貨というのは、販売するのが大変で、時間もかかる、食品類は比較的ハードルが低いということで、何にしようということになりました。

徳丸　それで「椿油」をということに…？

土屋　ええ、今、ネパリの椿油工房の所長をしている武田さんという女性が「このあたり、昔から椿油搾っていて、食用でみな食べていた」と、つぶやいたんです。「それだー！」「私も椿大好き〜！」ということになり、あとはいつもの通り、周りを見ずに一直線。

徳丸　そういう流れだったんですねー！　でも、ネパールでこれまでされていた経験が役に立たれたんですよね、きっと。

土屋　そう、「商品開発」というところでね。他から押し付けたものではなくて、地域の歴史・風土から生まれたもの。そして、お客様に納得していただくことができるものを、ずっと育ててきました。だから、うちは、お客様でも、単なる「マーケット」ではなく、ほんとに思いを共有してくださる「同志」なんです。「震災支援に関わりたい」と言ったら、納得され、どんどん支援に協力してくださって…。ありがたかったです。

神奈川県にあるショップにお伺いし、対談させていただきました。一つひとつにストーリーがあるという思いが詰まった商品と、あたたかいスタッフがおられる素敵なショップでした

徳丸　「商品」を育てるとともに、「人との関係」を育てていかれた。

土屋　そう、そうなんです。紆余曲折あって、「椿油」は、ネパリが製造から販売まで手がけるようになりました。当初、障がい者施設の方のために、機械の選定から工房のデザイン、行程まですべて、携わる人が「やりがい」を感じるようにと工夫していたので、方向が変わって、津波で家を失い仮設住宅にいらっしゃる女性たちが働くようになっても、「やりがい」「誇り」「希望」を持っていただける仕事が提供できたんですね。

徳丸　それから「椿油」を使った化粧品へとなっていかれたんですか。

土屋　工房のスタッフさんに、それ相応のお給料を渡そうとすると、どうしても、食用油だけだと赤字になってしまう。それで考えたのが、「クーネ」という化粧品だったんです。私どもは、薬事法で化粧品は作れないので、協力していただける会社を全国から探しました。「椿」だけではなく、自根キュウリとか、ワカメとか、お米から作ったエタノールとか、いろんな被災地の特産品で、化粧品原料になるものをどんどん入れたいと思ったんですね。そうしたらどの会社も「そんなに持ち込み原料がたくさんあるのは、作れない」って。

徳丸　そうなんですねー。ご苦労されましたね。

土屋　たった一つ、福岡の会社なんですが、一つ返事で「いいですよ」って気持ちよく引き受けてくださるところがあったんです。震災の直後に、陸前高田に行っていて、現地のこともよく分かってくださっている会社でした。

その企業の担当者の方もとても応援してくださり、防腐剤も植物のエキスとかを使ったりして天然で、選びに選んだ原料だから原価も高い、それでも、製品になったのは、人に恵まれたなぁ、という実感です。

徳丸　やはり、人ですよね。つながりというか。

土屋　そのおかげで、東北被災地ということでも、また品質ということでも、こだわりのある商品ができました。

徳丸　そして、今は、沖縄にも「仕事づくり」を広げていらっしゃる。

【誰とつながるかが大事】

土屋　そうですね。なんとか沖縄でカカオづくりをと、取り組み始めました。

徳丸　それも「ヒラメキ」ですか?。

土屋　去年の2月に、ヒラメキましたね。沖縄には、返還前からベトナム戦争反対の活動とかは思春期から関わってきました。でも間接的であって、沖縄の方々のご苦労を考えると、自分なんか、何もできないと思い続けていたんです。それで、ネパリでなんとか沖縄で仕事づくりはできないかと思って。沖縄って「じーまみ」、「地面の豆」って言って、ピーナッツが盛んでしょう。名護市にそのピーナッツとネパール特産のハチミツを使って「ハニー・ピーナッツ」製造を始めて、協力してくださった、「ネクストステージ沖縄合同会社」さんってあるんです。「農福一体」というか、障がい者さんや御高齢の方が働き、交流する場所づくりを進めている団体で、いいものを作っておられるんです。そこの代表の金城恵子さんとわたしが意気投合して、「沖縄にないものを作ろう!」と考えたのが、カカオなんです。

徳丸　面白いですねー。思いを持ち続けて、今、いろいろつながってきておられるんですね。

土屋　「カカオ・ベルト」と呼ばれるカカオ生産可能地帯は、赤道を挟んで南北22度。でも、それは「露地栽培」の限界なので、まずハウスで栽培を試みようと思っています。日本で唯一、小笠原では、ハウス栽培で成功していて、そこには視察に行ってきたんです。沖縄に近い台湾では成功していて、台湾は国を挙げてカカオ栽培を振興しているんです。だから、まず、ネパリでは、ハウス栽培に挑戦しながら、マーケットを育てるために、台湾からカカオを輸入して、沖縄でチョコレートなどを生産しようと考えているんです。

徳丸　なるほど、具体的で、着実なステップを踏んでおられる、素晴らしいです。

土屋　金城さんのところは、障がい者手帳をお持ちの方とか、手帳は持っていないけれど、一般就労が難しい方々が働いていらっしゃるので、協力して、生産から加工、販売まで出来るように、と考えています。

徳丸　前職で、震災以来東北に関わりましたが、福祉だから、被災地支援だから買ってくださいというだけでは、長続きしませんよね。

土屋　ビジネスとして成り立つこと、そして、ソーシャルであることが大事ですね。両輪が回らないといけません。そのためには、何を作るかということも大事なんですが、「誰とつながるか?」ということが大切なんです。ある意味、今、日本の多くの人は満ち足りているから、どういう人がどういう思いで作っているかを重視してきている感じがします。ネパリを始めてから、一番、変化してきたことがそこだと思います。生産者の顔が見える、こんな思いで、こんないいものを作ってくれているこの人を応援したいと言って買ってくださる――そういう気持ちが大事だと思います。

徳丸　「消費者」ではなく「仲間」をつくっていらっしゃるということなんですね。

【価値と価格は違う】

土屋　CPAOさんの活動、ほんとうにご苦労さまです。ネパールにしても、沖縄にしても、東北にしても、子どもの貧困にしても、問題は全部つながっていると思います。でも、1人で、また1団体で、それを全部カバーはできない。だから、私たちが出来ないところを、代わりにしていただいている感謝の思い

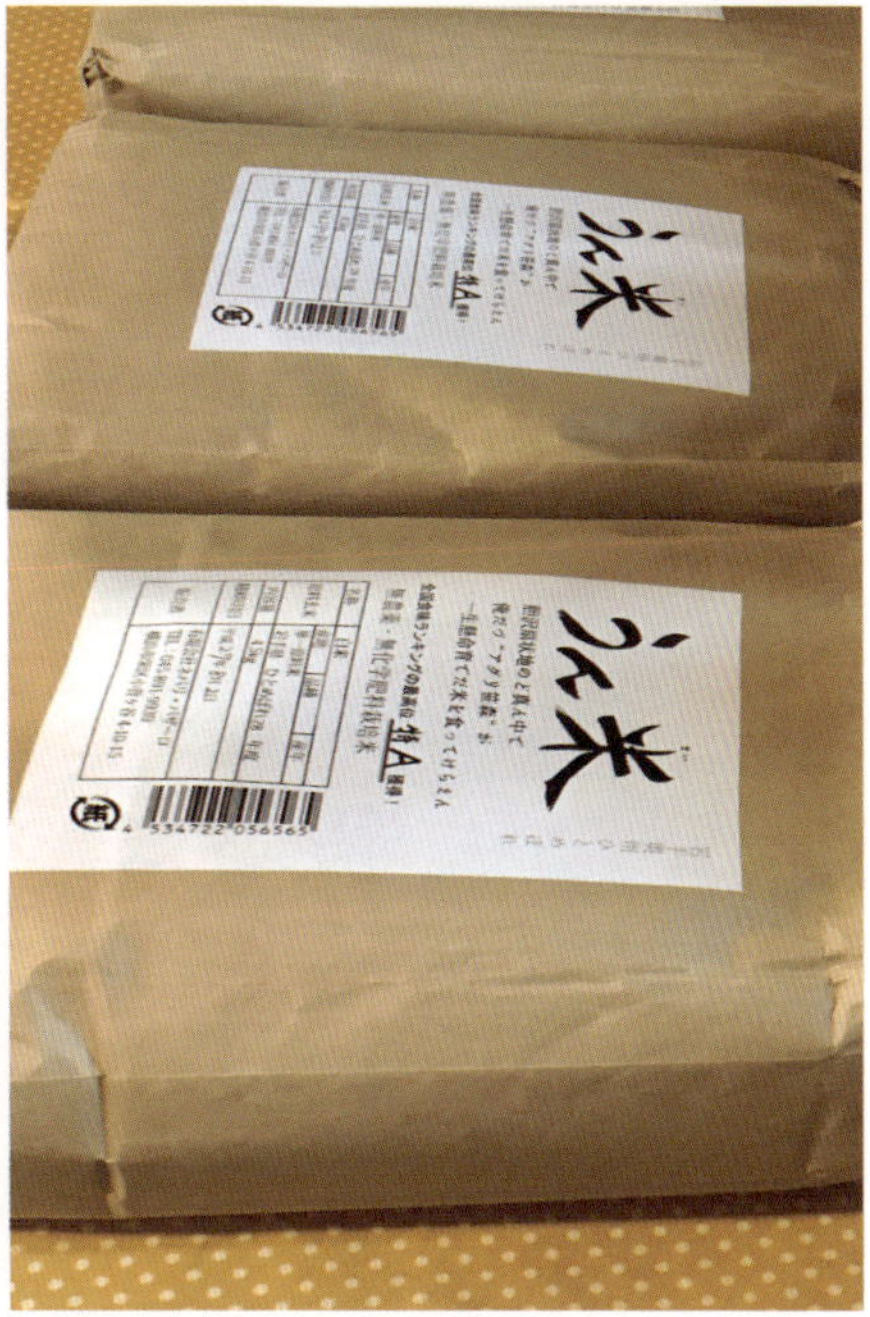
様々な方々がネパリ・バザーロさんの商品を子どもたちにとお届けくださいます

て一杯です。心強い仲間だと思っています。それぞれ得意分野がある。それを出し合って、「共に生きる」社会を作りたい。

徳丸　ありがとうございます。特に、子どもたちは、いろんな意味で社会的に、「最も弱い立場」にいます。そこだけしかできていませんが、その現場で、例えば、社会から「何も出来ない」と見られているようなお母さんたちがどれだけ、共に一緒に活動をつくり、スタッフを励ましてくださっているか。また、子どもたちも一緒にごはんを作ってくれたり、いつも助けてくれますし、おいしい、楽しい！って言ってくれ、おとなを喜ばせているか。また、小さなまだしゃべれないような子も来てくれますが、その子の微笑みが、周りをどれだけ優しい気持ちにさせ、みんなのちからになるか。ほんとに、「共に生きる」という言葉に尽きます。人は、「生きているだけで、すごい」と年齢を重ねるごとに思うんですよね。

土屋　長い活動のなかで、自然とコミュニティが出来てきて、その中で、商品開発が出来たり、プロジェクトが生まれたり。それは、それは楽しいことですよ。「モノ」って大事なんですよね。それに、いろんな人たちの思いや経験を乗せていける。

徳丸　ずっと、卵を送ってくださる農家さんがいらっしゃるんですが、鶏を人間で言えば「うつ」状態で、動かないようにして、肉量を増やしていく大規模養鶏を見て、これではいけない。生き物ではない、と思って、普通に生きものを生きものとして扱いたいと思って飼ってると、値段が高くなってしまうんですよねとおっしゃっておられました。

土屋　「価値」と「価格」がつり合ってないんですよね。生産者さんが、丹精込めてつくったものに対して、それに見合わない価格が、ついてしまっている場合が多い。物のちゃんとした価値を伝えていかなければならない、と思います。

徳丸　土屋さんからこうやってお話をお聞きして、ネパリ・バザーロさんがつくられる、「モノ」には、思いがぎっしりつまっている理由が改めてわかりました。私たちもほんとうにたくさんの方々から支援の物資を送っていただくんですが、子どもたちのことを共に思ってくださる気持ちが伝わってきて、いつも感謝しています。私たちもこれから、活動と自主事業についても真剣に取り組んでいきたいと考えています。また続けて、関わり、いろいろ教えていただければと思います。

対談　杉山春さん

スギヤマ・ハル
雑誌記者を経てルポライター
『ネグレクト　育児放棄――真奈ちゃんはなぜ死んだか』（小学館文庫）で第11回小学館ノンフィクション大賞受賞。著書に『ルポ　虐待　大阪二児置き去り死事件』（ちくま新書）などがある。

自由で楽しい社会をつくろう

【人に任せる】

杉山　CPAOが最初に取り組まれた、シングルマザーさん100人の聴き取り。とても貴重な試みで、拝見させていただき、ほんとに切実なものがありました。親やパートナーから受けた虐待や暴力と、子どもへの虐待の負の連鎖。

徳丸　お話をお聞きしたお母さん方の多くがそうでした。最終報告書で、杉山さんに「暴力」にフォーカスして書いていただいたことで、それが「可視化」できてありがたかったです。

杉山　ずっと活動を見てきて思うのは、徳丸さんたちは相手が必要としているものをきちんと受け取る「ちから」がありますよね。

徳丸　そう仰っていただいて、恐縮です。実際はそんなことはなく、乗りかかった舟とその場で出来ることをやってるだけなんですが。

杉山　そのあたりとても、興味あるんですよね。「これしかないな」と思ったら、つぎの瞬間、もうやってるというね。

徳丸　杉山さんは、ずっと見守ってくださっている。とてもありがたい存在のお一人です。

杉山　子どもたちのそばで生きる、というのかなぁ。「日常」を通じて子どもたちとつながっていってるなぁと、強く感じます。

徳丸　とにかく、出会った子どもの生活が少しでも安定するにはどうしたらいいのか?ということは考えています。そのために、私たち自身の日々の生活を、子どもたちへと「開く」ようにつながっていく。それが、「社会で子どもを育てる」という、私たちが目指す目標の第一歩だと思っているんです。

杉山　そこがすごいと思うんですよね。生活の場を日常的に共にするってことは、なかなかできないですよね。

徳丸　最初、とにかく、この家族は生活が破綻してしまっているな、「じゃあ、うちにおいでよ」から始めた。それを続けてきた感じなんですね。今は、いろんなつながりが出来て、この人は、この人につなげたらいいいんじゃないかという感じでつないでいます。

杉山　それって、大事なことだと思うんですよ。「任せるべき人に任せる」ってこと。

徳丸　これも、自然なんですよね。私自身が、これ以上は無理だなとなって、目を凝らして周囲を見ると…。

杉山　「ああ、あの人がいる」って。もちろん、いろんな人とつながってるから可能なので。「つながってる」から、「つなげられる」。「抱え込まない」って、技量が必要だと思うんですよ。意外とみんな、自分の手柄にしたいっていうかな。また、自分の責任だっていう気持ちもあるし。

徳丸　息子が小学校1年のときですが、その時は、NGOで働いていたので、経済的に豊かってことはないですが、まあまだ安定していて。休みになると、あちこち2人でいくわけです。あるとき息子が「お母さんとばっかりではおもんない」って言ったんですね。

杉山　うーん、えらい！

徳丸　ビックリされるんですが、その時、私が言った言葉が、「私も！」

杉山　その一言もすごいよね。そう言い合える人間関係ができてたんだ。

徳丸　そうですね。2人の間では、普通の会話でした。それで「いろんな人に育ててもらおうか」ということになり、それが、今、CPAOの「月1お父さん」というプロジェクトなんかに発展してるんです。

杉山　1人の人とずっと一緒にいたら、閉塞感もあるし、ワンパターンになりますよね。いろんな人が関わったら、開けますよね。どうしても、日本社会では「家族」という「しばり」が強いですからね。

徳丸　それでも前職を辞めてすぐは不安でした。CPAOを立ち上げ、いろんな人とつながっていくうちに、ああ、こんなところに、頼れる人がいた。こっちにもいたって。いろんな人たちとつながるようになって、安心してきたって感じです。

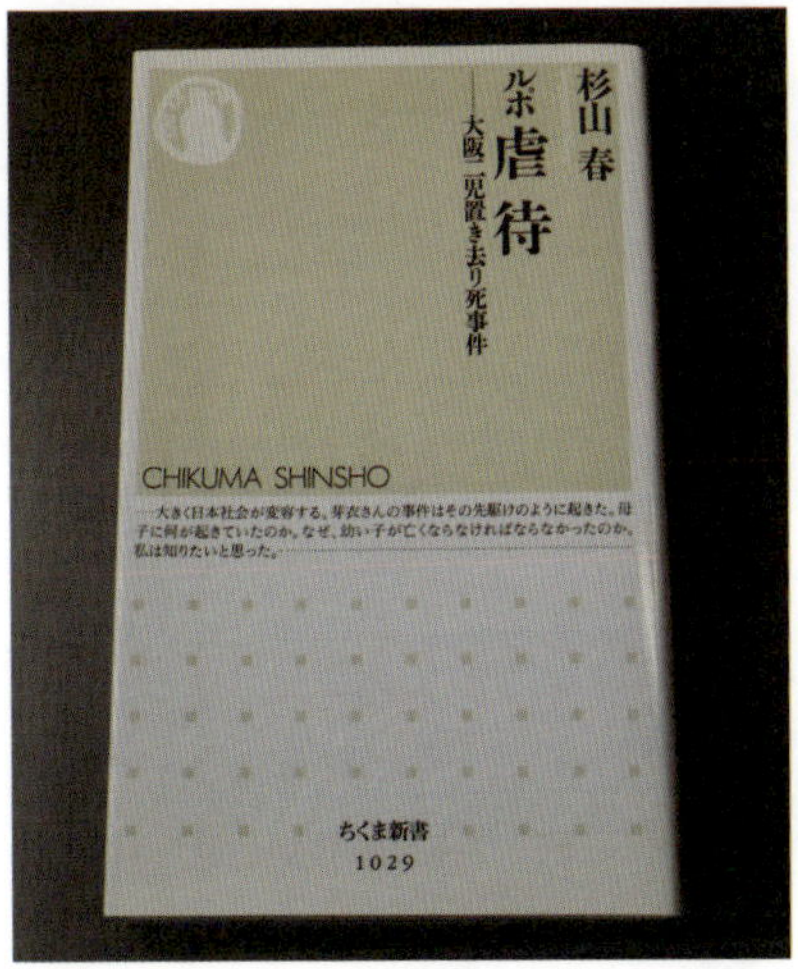

ルポ「虐待」（ちくま新書、2013年）

【子どもに直接！】

徳丸　そこから、いろいろと悩みながら続けてきて、自分なりに全力でやり切った先に、あるときふと気づいたことがありました。「同じシングルマザーの方々の『助けて』に必死に対応しようとしてきたけれど、私たちが本当に見据えるべきものは、『子ども』だったはずだ」。もちろん、子どもたちには家族がいるし、シングルのお母さんだったりする。だから丸ごとサポートするのは当然。でも保護者とはおとな同士、対等であるはず。一方的に支援するなんてことは不自然。支えあい、共に子どもを一緒に育てる仲間という関係になっていきたい。あくまで、本当にやりたいのは、直接、子どもたちの声を聴き、子どもたちをサポートする活動だ！――と、なにか、天からの啓示じゃないですが、降りてきて、それでぶれなく腰を据えた活動が出来るようになりました。

杉山　具体的に、「子どもに直接」ということで始めたことありますか？

徳丸　子どもたちを対象にした講演を始めていたりします。自分自身の悩み、また、自分でなくても、クラスに心配な子がいるというときは、信頼できる人、信頼できるおとな、CPAOでもいいし、つなげて欲しい、「自由にSOSを出していい」「世の中は捨てたもんじゃないよ」ということ伝えたくて。

杉山　いいことですよね。

徳丸　あと、例えば、児童相談所（児相）からの「措置」でシェルターに行く子どもがいる。でも、はっきり児相が「措置」と判断しない、グレーゾーンで苦しんでいる子どもがたくさんいる。親も実は苦しんでいる。この子どもたちに対しても、対応できるような仕組みを、今、地域の仲間らと具体的に考えています。

杉山　すごいよね。いつも、「制度」からこぼれ落ちる子どもたちに目がいってる。今、「グレーゾーン」の話がでましたけれど、行政の予算とか、人の配置で、グレーゾーンが変わってくるんですよね。あるところでは、完全に「虐待」ということで、きちんと手当てしてくれる。でも、別の自治体では、人がいなくて、予算がなくて「今は、見守りでいい」となってしまう。

徳丸　本当にそうですよね。地域の格差も大きい。あと、国や行政は、予算がないと言いますが、例えば、昔からある「要対協（要保護児童対策地域協議会）」をきちんと機能させればいいのにとよく思います。でも、また同じような別の仕組みを作ったりする。

【台湾・韓国の先進性に学ぶ】

徳丸　また、先日、台湾や韓国で同じように「子ども支援」をしている人たちとの、シンポジウムで話をさせてもらう機会があったんです。一応、私がなぜか日本代表でしゃべったんですが、すごいですよ。台湾、韓国。進んでいる。とても刺激を受けました。

杉山　どんなところにですか。

徳丸　韓国にしても、台湾にしても、ソーシャル・ビジネスがとても盛んなんですね。行政あげて推進している。韓国では法律でも後押しされているそうです。30年前ぐらいから、ソウルや台北などの都会の中で、ネグレクトとか親の貧困などの課題に対して、取り組んできている。それで、はじまりは「ごはん！」。

杉山　やはり、はじまりはCPAOと同じですね。

徳丸　食事提供とかしているうちに、子どもたちは大きくなっていき、「仕事づくり」の必要が出てきた。韓国では、農園を経営して、オーガニックの野菜を作って、子どもたちと食べたり、加工して販売していらっしゃる。台湾の方は、スィーツでネットショッピングで1位となるぐらいのものを作っておられ、ソーシャルビジネスではダメ。ソーシャル的にじゃなく「ビジネス」でマーケットに勝てるものをつくらなくちゃ、と言われました。

杉山　なるほどね。カツを入れられちゃった。

徳丸　そうです。「徳丸さんたちがやっていることは、台北でも、ソウルでも、他の国でも、グローバルに通用することだから、手をつなぎましょう。協力してやりましょう。でも、自分たちが活動する資金は自分たちでつくる、これは、グローバル・スタンダードだから」って。それで、「よし、やるぞ！」と。

杉山　また、「何かが降りてきた」んだ。

徳丸　そうですね。どんどんつながって、学んで、チャレンジしていきたいですね。

【自然のなかで、自由に】

徳丸　私のもう一つの柱が、「子どもと自然」なんですけど、和歌山県橋本市に支部、「はしもとブランチ」を作ったんです。

杉山　それは、行かせて欲しいですね。

徳丸　ぜひぜひ。

杉山　「都会の社会」って、ギスギスしていますからね。気を使わないといけないことが多いし。

徳丸　そうなんですよね。なので、CPAO発足のころから、関西中、子どもたちといろいろ行ってみたんです。大阪の拠点は閉じられないですし。

杉山　つながってる子どもたちたくさんいるしね。

徳丸　はい。そんな時に、たまたま和歌山県橋本市に講演で呼んでいただきまして、聴衆のなかに、静かに座ってらっしゃるんですが、なぜか輝いている方がおられまして。その方が講演後に話に来られ、橋本市の里山で環境保全を25年やってるんです。子どもたちをぜひ連れてきてください、と言われたんです。

杉山　いつごろですか？

徳丸　1年半ぐらい前です。それから毎月のように通わせてもらうようになって、子どもたちがぐんぐんたくましく変わっていくんです。

杉山　変わっていくんだ。すごい。

徳丸　本当に美しい棚田が残っていて、日本の原風景みたいな素晴らしいところなんです。山も川も畑もある。そこで、はじめは虫とか怖いって言ってた子たちが、今では自由に過ごしています。こちらが何かプログラムを考えても、やろうとしない。「木工細工やる?」「いいわ、さかな獲っとくし」みたいにね。ほとんどケンカもしません。

　また、そこの「おとなたち」がとっても寛容なんですね。「火遊びするか?」とか、都会ではありえないですよね。火を持ち歩いたり、大きなケガにつながりそうなこととかは、「なぜ、やってはいけないか」を丁寧に説明してくださり、ありがたく、基本、自由にさせてくださる。何より、子どもたちを大切にしてくださるのが本当にありがたいんです。お母さんたちも、すごくホッとされておられるんですね。誰からも「かまわれる」ことなく、一人静かに自然を楽しんでおられたり。

ネパリ・バザーロさんのご厚意で、いつも撮影に使われているスタジオをお借りして、対談させていただきました
http://studiolamomo.com/itto2f/

杉山　そっとして欲しいという気持ちって、大事にしなければいけないですよね。どうしても、「支援者」は世話を焼きたがるから。

徳丸　私が基本構われたくない方でして…。あとそこは、大阪市内から高速道路使わずに、1時間ぐらいで行けて、子どもたちも普通に子どもらしくなっていくんですね。近い将来は、「山村留学」みたいなこともしたいなぁ、とか考えていて、その方々とも「農×都連携」についても話し合いを始めていたりします。

杉山　どんどん、新しい夢が出てきますね。さっきの話なんですけど、「ビジネス」って言ったら、なんか「金儲け」ということで、「支援」とかと正反対のイメージを持つ方もいらっしゃるんですけど、実は、当事者が「社会の一員となっている」という実感が持てる点で、とても大事なんですよね。

徳丸　そうです。おっしゃるとおりです。

杉山　社会から「排除」されて、「孤立」していた「私」が、社会に「参加している」実感って、ものすごくエンパワメントになりますよね。もちろん、「ビジネス」って言っても、「大金持ち」になるということではなくて、「生活出来る」ということですけどね。

徳丸　はい。自身が子どもの頃からいろんな問題を抱えて、一度も働けないできたシングルマザーの方がいらっしゃる。でも、私たちの場所に来たら、細かいことに気がつかれるし、子どもたちとうまく遊んでくださったり。様々やってくださるので、私たちも本当に助かり、子どもたちも信頼している。環境次第なんですよね。その環境を、周囲が、社会がつくりきれてないだけだと思うんですね。

【未来の社会に求められていること】

杉山　そういう発想って、これから、社会全体に求められていることだと思うんです。上昇志向で、他人を押しのけてでも、お金持ちになるということは、もう古いし、社会が立ち行かない。

徳丸　そうです、そうです。若い人と話していたら確実に時代が変わりつつあるなと思う時があります。収入はそこそこでいいから、友人関係とか、家族とゆったりする時間とかを大事にしたいという感覚が、若い世代に広がっていますよね。東京の一等地で暮らしたいとかいう感覚を、「そんなの古い」と、地方で固定費下げて自由に暮らしていたり。キャンピングカーで全国回りながら、きちんと行政ともやり取りして、家庭で子どもの教育をしている人とか。

杉山　そうですよね。ほんとに時代は激変してるのに、社会が追いついていない。人って多様です。自由にしたほうが、持っている「ちから」が出せるのに、こうでなくてはならないという「規範」でしか計れない。とても古い社会ですよね。その規範についていけなくて子ども時代に挫折して、しかも、さらに規範の強いおとなの世の中に出て行かねばならない。

徳丸　せっかくの「個性」が「社会的不適応」とかいうレッテルを貼られてしまったり。

杉山　惜しいですよね。徳丸さんの考えているような、多様な生き方が認められる場所って、とっても大事ですよね。

徳丸　韓国とか台湾の人たちが「日本に来たらとても、ノスタルジックな感じがする」と言うのを聞いたことがあります。日本のエライ人たちが「クールジャパンだとか、まだ日本は進んでいる」とか思っている幻想と、「遅れてしまっている」という現実——そのギャップって、すごくあるように思いますね。

杉山　私も去年、オーストラリアに取材に行った時に、実感しましたね。「競争して一番になる」という価値観って、もう古いんだってね。

徳丸　楽しくないんですよね。「お金」を目標にしたらね。

杉山　そういう時代になってきてるんですよね。

徳丸　日本も「まだまだ、いける！」と思ってる人もいると思うんですが、少子化だけ見ても挽回はすでに難しい状況ですよね。

杉山　２０１４年に、生活保護のことを取材していたら、親は読み書きできるのに、子どもは読み書きできない。それほど、大変なんですよね。それが現実なのに、見えてない。

徳丸　ある高校の先生が、「少し前は家庭が崩れてきたと思っていた。今は、家庭はないという子どもたちが増えてきた」とおっしゃっていたのが印象に残っています。社会も世界も変わっているのに、なんだか「パラレルな世界」に住んでいるようです。

杉山　努力はしているけど、努力の方向性が違うんですよね。より、時代遅れで、しんどい方向へと努力してしまうようなね。

徳丸　お金だけじゃない、もっと楽しい社会をみんながもっとつくっていけばいいと思うんですね。

杉山　いろんな人がつながってね。私も、居場所づくりを始めたのですが、子どもが成長していくのを、近くで見るのって、とても楽しいですよね。そんな社会を広げていきたいですよね。

杉山さんらがつくられている相模原市の居場所、「みんなの場　てとてと」の活動風景。©Miki Hasegawa

おわりに

「わけありが集まってワイワイするところ」

私たちのごはん会やすべての活動は、参加するのにお金を必要としません、いわゆる無料。ですがその言い方は適当ではなく、関わってくださる方々に失礼にも感じます。みな生きていれば、なんらかの当事者であり困ったときはお互いさま、明日はわが身。しんどい状況に置かれている子どもたちを中心として、やりたい人、一人ひとりが好きなこと・得意なことを持ち寄るような形で、活動を一緒につくっているからです。

また違う言い方をすると、現在、この国で7人に1人に相対的貧困があるという、これだけたくさんの「子どものあたりまえ」がままなっていないのは、社会の問題です。所得を補償していくことや物資を提供したりすることも必要。それだけでも難しいことではありますが、それだけでは問題解決に十分でもありません。とくに経済的な問題に孤立といった「関係性の貧困」を抱える多くの子どもや親の困りごとには、家事・育児といった具体的な暮らしをどう支えるのか？といった生活支援の視点が必要です。

そのニーズに応えるために枠にとらわれず、あいまいさを抱えながら問題を一つずつ一緒に乗り越えていきたいと柔軟に対応していると、私たちの活動は常に不安定になりがち。いくつもの問題が複雑に絡みあっている問題を暮らしから離し、生活から切りとり、多様性や個別性を無視したいわゆる、「脱文脈化」したサポートではこぼれ落ちるものが多すぎる。だから活動は、「形のない形」で落ち着いています。答えはありません。

なぜ子ども？

どんな年齢であっても経済的に厳しかったり、さらに孤立していたりすると人生は大変でしょう。私たちがとくに子どもたちを中心にした活動としているのは、子どもの頃に受けた不利は、おとなになり、その状況から脱したとしても、その不利は一生、影を落としていくことが少なくない。これは関わる保護者、シングルマザーの方々から教わったことです。栄養が足りなければ、健全な発達をはばみ、必要な愛情を受けられなければ、自分をつくっていくことも難しい。勉強が遅れると取り戻すことは難しく、就職や収入に影響していくでしょう。子どもはすぐ若者になり、おとなになり、高齢者になっていく。おとなになり、その不利が次世代へと引き継がれていく、「負の連鎖」ということにもつながっていきます。また子どもはただ環境に従い、ガマンしておとなになるのを待つだけしかなかったりします。そういったことからも、もっと社会は、とくに、しんどい状況に置かれている子どもたちを親だけに任せず、子どもが育つ環境を共に整える必要があると考えています。

「世間の今の中では生きていけない。別次元を生きている。その距離と壁に疲れる」

いつも活動を支えてくださる繊細で心優しい仲間の言葉です。子どもたちを取り巻く問題と地続きにある、この社会で生きることに息苦しさ感じている人が増えていることも事実です。

「楽しい別次元をつくりたい！」。これが私たちの夢でもあります。夢や希望を持てない子どもたち、生きる希望を失った、おとなともたくさん出会います。自分やそんなしんどい状況に置かれている方々の希望につながり、生きていってもらうために、一つの形をつくっていきたいと思います。その第1弾として、私たちの活動を共にしてくださる、たくさんの方々とチカラを合わせ、この本をつくってみました。

最後に。なぜか君には次々と何かが起こり、忙しく（お疲れさま！）、「当時者」として、忘れずにいさせ、突き動かしてくれる息子。いつも一緒に遊んで・ごはんを食べて・お泊まりして、笑ったり・泣いたり・怒ったり、今を楽しむこと・許すこと・生きることについて考えさせ、教えてくれ、時にこれ以上なく、心震わせ、感動させてくれる、関わってくれる子どもたちや、共に子どもを育てる同士の保護者のみなさま。「本を出しませんか？」から4年以上待って下さり、自由につくらせてくださった、一人出版社丸尾さん。頭の中が多動で、思ったらすぐにやりたくなってしまう私をおもしろがり、全力でサポートしてくれるスタッフ。「まずは、ごはん！」や「社会で子どもを育てよう」のCPAOの活動に共感し、関わってくださる方々に、「これからもお願いします」ということを心からの感謝と共にお伝えさせていただきます。

また、まだ出会っていないみなさま、お読みくださりありがとうございました。社会で、世界で起こる様々な問題や、特に子どもたちが巻き込まれる事件がある度に心痛めたり、社会に息苦しさを感じたりしながら、なにか行動したい、できないか？と思っておられる方々も少なくないと思います。そんな方々に「心ある人は世の中にたくさんいる」ということが伝わったのであれば幸いです。一人では難しくても、周りを見渡し、さらに外に出て話し、つながりながら、一人の方でも行動に移していってくださることを願っています。みなさまともいつか出会い、「まずは、ごはん！」からご一緒させていただける日を楽しみにしています。

徳丸ゆき子

活動を始める前のある日、息子とよく遊んでいた小学校１年生の子が「オレ、死にたいねん」と話してくれました。それから時々、他の子も誘って、自宅を開放し、遊んで、ごはんを一緒に食べてと、その子が引っ越すまでしていました。ごはん会の原点です。一人っ子の息子も喜んでいましたし、人数が多くなると大変なことも増えますが、これぐらいなら、ムリせず、どなたでも楽しく続けられるのではないでしょうか？

『まずは、ごはん！』、本の撮影風景です。子どもたち・ボランティア・スタッフ一同、できること・得意なことでチカラを合わせ、作成しました

月川至さん。お昼ごはんの時に、いい絵本が手に入ったと、読んで聞かせてくださいました。CPAO の活動が紹介されたテレビ番組を見て、ご連絡をくださいました。これからは家族丸ごとのサポートが必要だと、生野にお呼びくださり、活動拠点をご厚意でお貸しいただきました。2016 年にお亡くなりになりましたが、福祉の師匠、月川さんに教えていただいた、たくさんのことを胸に刻みながら、これからも活動を続けていきます

CPAO/ しーぱお
 基本情報
 2013 年 5 月 24 日、「もっとおいしいものを食べさせたかった」という遺書のようなメモを残し発見された大阪市北区での母子変死事件を受け、子どもが巻き込まれる「悲劇を 繰り返したくない！」と、事件の翌日から子ども支援関係者と共に活動を始めました。聞き取り調査や夜回りなどアウトリーチを行うこで、数多くの精神的にも経済的にも厳しい状況に置かれている孤立した親子らと出会いました。そこから、相談や行政などへの同行、家事や育児のサポーや居場所づくりなど、「まずは、ごはん！」をモットーに、食べることを中心として、子ども一人ひとりのニーズや育ちをサポートしながら、支えあうコミュニテづくりの活動を展開しています。
CPAO/ しーぱお (C=Child= 子ども・PAO ＝家)

子育ちをサポート!

CPAO

デザイン　たかはしなな
撮影　友岡雅弥・黒木利光・早苗 (シャウル・デッサン)
対談編集　友岡雅弥
調理　吉永由紀子
調理監修　志垣瞳
イラスト　ＣＰＡＯくらぶの子どもたち・たかはしなな

ささえあう社会への、はじめの一歩　**まずは ごはん**

2018 年 8 月 20 日　初版第 1 刷発行

企画・編著　ＣＰＡＯ・徳丸ゆき子
発行者　坂手崇保
発行所　日本機関紙出版センター
〒 553-0006　大阪市福島区吉野３－２－３５
TEL：06-6465-1254　FAX:06-6465-1255
hon@nike.eonet.ne.jp
http://www.kikanshi-book.com/
印刷・製本　シナノパブリッシングプレス

ISBN978-4-88900-961-3

◆
Books & music レーベル
Diggin'CPAO 〜 dig & dig with fun! 〜

CPAO の新しいレーベルができました！
子どもたちの音楽 mix 配信や続々刊行予定♪

◆
Mobile CPAO があなたのまちに！
『まずは、ごはん！』の出版を記念して、本に掲載した料理を食べながらのイベントを全国で予定しています。
自分のまちでも開催したいなど、ご興味のある方は、mobile@cpao0524.org　までご連絡ください。

詳細は、ＣＰＡＯの HP や fb でご確認ください。
http://cpao0524.org/・https://www.facebook.com/cpao0524/
担当：兼松徹（Diggin'CPAO）